C.H.BECK WISSEN

in der Beck'schen Reihe

Warum und wozu gibt es die Heiligen? Peter Gemeinhardt bietet einen kenntnisreichen Überblick über die Geschichte der Heiligenverehrung von den antiken Märtyrern über mittelalterliche Missionare, Mystiker und Asketen bis zu den Heiligen der Neuzeit. Er stellt beispielhafte große Heilige vor – etwa Antonius, «Sankt Martin», Bernhard von Clairvaux, Franz von Assisi oder Elisabeth von Thüringen – und erklärt, wie in der Vergangenheit und heute einzelne Christen zu besonderen Heiligen werden.

Peter Gemeinhardt, geb. 1970, ist Professor für Kirchengeschichte an der Georg-August-Universität Göttingen.

Peter Gemeinhardt

DIE HEILIGEN

Von den frühchristlichen Märtyrern bis zur Gegenwart

Verlag C.H.Beck

Originalausgabe

Satz, Druck u. Bindung: Druckerei C.H.Beck, Nördlingen
Umschlagabbildung: Perugino: Heiliger Sebastian,
um 1490, Paris, Louvre, © akg-images/Erich Lessing
Umschlagentwurf: Uwe Göbel, München
Printed in Germany
ISBN 978 3 406 58798 6

www.beck.de

Inhalt

Einführung

«Wunderbar ist der Herr in seinen Heiligen»

Wunderbar ist der Herr in seinen Heiligen (Psalm 68,36), und heilig in seinen Werken ist unser Gott (Psalm 145,17), der seinen Auserwählten innewohnt und Wunderdinge durch sie wirkt. Ohne dem Alter oder dem Geschlecht nach zu unterscheiden, bewirkt er nach dem unerforschlichen Ratschluss seiner Weisheit in ihnen die Werke seiner unaussprechlichen Barmherzigkeit. Mit Hilfe dessen, ohne den nichts wirksam, nichts heilig ist, richtete die edle und heilige Elisabeth bereits als kleines Kind, das noch keine Arglist kannte und den Verstand noch nicht gebrauchte, aber schon eine Ahnung ihrer zukünftigen Heiligkeit in sich trug, all ihr Denken auf das himmlische Leben ... (Dietrich von Apolda, *Vita Sancte Elyzabeth* 3)

So beginnt die Lebensbeschreibung der heiligen Elisabeth von Thüringen. Die hymnischen Worte, die Dietrich von Apolda um 1293 niederschrieb, bringen ein klares Bild von Heiligkeit zum Ausdruck: Heilige (*sancti*) sind Menschen, in denen Gott wirkt und die er nach seinem verborgenen Ratschluss zum ewigen Leben führt, nicht ohne dass sie vorher Gottes Güte in ihrem Leben erfahren und sie durch ihre guten Werke weitergegeben hätten. Heilig (*sanctus*) ist aber auch Gott selbst. Dem Sprachgebrauch der lateinischen Bibel, der Vulgata (der hebräische Urtext und die griechische Übersetzung, die Septuaginta, verwenden an den zitierten Psalmstellen unterschiedliche Ausdrücke), folgend, vor allem aber dem mittelalterlichen Verständnis von Heiligkeit entsprechend führt Dietrich in seiner Darstellung zwei Bedeutungen des Begriffs zusammen: Heilige sind Menschen, in denen der heilige Gott erkennbar wirkt.

Was die Menschen betrifft, so hat «heilig» also eine weitere und eine engere Bedeutung. Heilig sind (so ist das erste Psalmenzitat zunächst zu verstehen) alle, die zu Gott gehören. Heilig sind aber auch (so versteht es Dietrich von Apolda) einzelne

Menschen, in deren Leben Gott in besonderer Weise wirkt, weshalb ihre Biographie in der literarischen Form eines *Heiligen-*Lebens (*Vita*) beschrieben werden kann und muss: Heilig war Elisabeth schon als kleines Mädchen, erst recht als Landgräfin und Hospitalgründerin.

Manchmal dauert es freilich etwas länger, bis der oder die Heilige ein solch gottgefälliges Leben führen kann. Martin, im späten 4. Jahrhundert Bischof von Tours, war 18 Jahre alt und seit drei Jahren Soldat, als ihm am Stadttor von Amiens ein Armer begegnete, dem er seinen halben Mantel schenkte – den Umstehenden zum Spott, ihm selbst zum Heil, wie sich zeigen sollte. Des Nachts erschien ihm Christus und eröffnete ihm, er habe das Gebot erfüllt: «Was immer ihr einem meiner Geringsten getan habt, das habt ihr mir getan» (Matthäus 25,40). Damit hatte sich Martin für das ewige Leben qualifiziert. Geduldig wartete er das Ende seiner Dienstzeit ab, wurde Wanderprediger und sammelte Gefährten um sich. Als einer von diesen noch vor seiner Taufe starb, legte sich Martin der Länge nach auf den Toten und betete. Er fühlte die heilende Kraft des heiligen Geistes regelrecht durch sich hindurchströmen – und nach zwei Stunden begann sich tatsächlich wieder Leben in seinem Freund zu regen. Dieser berichtete, er sei nach dem Tod vor Gottes Richterstuhl gebracht und zu furchtbaren Höllenstrafen verurteilt worden. Doch die Rettung war nah:

> Da sei dem Richter von zwei Engeln bedeutet worden, das sei jener Mann, für den Martin bete. Da wurde den beiden Engeln aufgetragen, ihn zurückzuholen, ihn dem Martin wiederzuschenken und dem früheren Leben zurückzugeben. (Sulpicius Severus, *Vita Martini* 7,6)

Bei Gott war Martin demnach bereits in besonderer Weise angesehen, und solchen Ruhm gewann er in der Folgezeit auch bei den Menschen:

> Von dieser Zeit an wurde der Name des seligen Mannes berühmt. Als Heiliger galt er ja schon bei allen. Doch nun sah man in ihm auch den Wundertäter und den wahrhaft apostolischen Mann. (ebd. 7,7)

In Gottes Augen ein Heiliger zu sein und sich selbst für heilig zu halten, waren freilich zweierlei Dinge. Das musste Papst Julius II. (1503–1513) erfahren, dem Erasmus von Rotterdam (ca. 1466/69–1536) *post mortem* einen bitteren satirischen Dialog widmete: «Julius vor der verschlossenen Himmelstür». Dem verstorbenen Papst wird hier von seinem Vorgänger Petrus der Zugang zum Himmel verwehrt, weil er den falschen Schlüssel – den der Macht, nicht den ihm von Christus anvertrauten Schlüssel der Gnade – bei sich trägt. Voller Zorn wirft Julius dem Petrus vor, dieser werde «seit vielen Jahrhunderten einfach nur ‹heilig› genannt – mich aber nannte keiner jemals anders als den ‹Heiligsten›!» Petrus lässt sich davon nicht beeindrucken und gibt gelassen zur Antwort:

Dann verlange doch von jenen Schmeichlern, die dich zum Heiligsten machten, den Himmel; und dieselben, die dir die Heiligkeit verliehen haben, mögen dir die Seligkeit verleihen. Obwohl du bis jetzt der Meinung bist, dass es darauf nicht ankommt, sage mir doch: Wirst du heilig genannt – oder bist du es?

Der wahre Heilige wird die letzte Frage niemals mit «Ja» beantworten: Das wäre Hochmut und damit ein eklatanter Ausdruck von angemaßter, nicht von Gott verliehener Heiligkeit. Was es aber konkret bedeutet, heilig zu sein, hat die Menschen in Antike, Mittelalter und Renaissance ebenso umgetrieben wie zur Zeit der Reformation und bis in die Gegenwart. Nicht nur römisch-katholische, anglikanische und orthodoxe, auch evangelische Christen stellten sich ernsthaft diese Frage. In einem Brief an Eberhard Bethge vom 21. Juli 1944 berichtet Dietrich Bonhoeffer über ein Jahre zuvor geführtes Gespräch mit dem französischen Pfarrer Jean Lasserre:

Wir hatten uns ganz einfach die Frage gestellt, was wir mit unserem Leben eigentlich wollten. Da sagte er: Ich möchte ein Heiliger werden (und ich halte es für möglich, dass er es geworden ist); das beeindruckte mich damals sehr. Trotzdem widersprach ich ihm und sagte ungefähr: Ich möchte glauben lernen.

Ein Heiliger wollte Bonhoeffer nicht sein. Stattdessen wollte er glauben lernen, und zwar «in der vollen Diesseitigkeit des Lebens». Ein Heiliger galt ihm offensichtlich als weltentrückt, als einer, der ein Anderer werden will, um authentisch Christ zu sein. Für Bonhoeffer war hingegen entscheidend, nicht etwas anderes aus sich zu machen – «einen Heiligen oder einen bekehrten Sünder oder einen Kirchenmann» –, sondern das eigene Leben als Bewährungsfeld des Glaubens wahrzunehmen. «Nachfolge Christi» hieß für ihn nicht, das Jenseits auf die Erde zu holen, sondern in der Diesseitigkeit, «in der Fülle der Aufgaben, Fragen, Erfolge und Mißerfolge, Erfahrungen und Ratlosigkeiten zu leben». Heilig werden zu wollen hieß für Bonhoeffer, sich den Zweideutigkeiten des Lebens zu entziehen.

Und doch gehört der 1945 in Flossenbürg ermordete Dietrich Bonhoeffer zu den Heiligen des 20. Jahrhunderts, zu den Christen, zu denen nachfolgende Generationen – sogar verschiedener Konfessionen – als Glaubensvorbilder aufschauen. Martin Luther King und Mutter Teresa gehören wie Bonifatius und Elisabeth von Thüringen zu der «Wolke von Zeugen» (Hebräer 12,1), zu den Vorbildern im Glauben und Leben, mehr noch: zu den Menschen, an denen Gottes Handeln erkennbar wird. Heilige haben Konjunktur, gerade im Zeitalter globaler medialer Kommunikation. Das Leiden und Sterben von Papst Johannes Paul II. (1978–2005) mündete in den Ruf «santo subito», in die Forderung nach einer sofortigen Heiligsprechung.

Offenbar ist es keine archaische, für moderne, aufgeklärte Menschen nicht mehr zugängliche Vorstellung, dass ein Mensch heilig, d. h. Gott nahe sein kann – im Leben, aber auch im Sterben. Auch unter den Bedingungen der europäischen Neuzeit scheint die Verheißung ihre Kraft zu behalten: «Die Seelen der Gerechten sind in Gottes Hand, und keine Qual rührt sie an» (Weisheit Salomos 3,1). Diese Überzeugung hat das Christentum von seinen jüdischen Wurzeln übernommen. So gelten in der Offenbarung des Johannes diejenigen Christen als «selig und heilig», die um ihres Glaubens willen umgebracht wurden und als Lohn dafür mit Christus in der Endzeit herrschen werden (Offenbarung 20,6). Das Gedenken der Märtyrer des 20. Jahrhunderts setzt bei dieser eschatologischen Perspektive an: Die Menschen, die in und mit ihrem Leben Zeugnis für Christus abgelegt haben, ragen als «Heilige» im engeren Sinne aus der «Gemeinschaft der Heiligen» heraus, die die Kirche dem Glaubensbekenntnis entsprechend im weiteren Sinne ist.

Die Diskussion über Heilige für unsere Zeit hat – über Konfessions- und Religionsgrenzen hinweg – erst begonnen. Das vorliegende Buch soll zunächst das geschichtliche Fundament legen, auf dem das Gespräch über Heilige und Heiligkeit geführt werden kann (Kap. 1–4). Sodann ist das Verständnis von Heiligkeit in römisch-katholischer und in evangelischer Sicht zu beleuchten (Kap. 5 und 6), bevor das abschließende Kapitel 7 den Blick auf die Gegenwart richtet und dabei auch andere christliche Traditionen und populäre Heiligenfiguren einbezieht.

Die religionswissenschaftliche Sicht

Was ist heilig, und was sind Heilige? Das Auftreten des «religiösen Ausnahmemenschen» (Wolfgang Speyer), des Wundertäters, Empfängers von Offenbarungen oder «göttlichen Menschen», ist nicht auf den Bereich des Christentums beschränkt. Heiligkeit begegnet als Phänomen in vielen Hochreligionen in Geschichte und Gegenwart: Das antike Judentum kennt die Verehrung verstorbener Heiliger (*q^e^doschim* oder *zaddiqim*) an ihren Grabstätten, und auch die Volksfrömmigkeit des Islam schreibt dem Grab des Heiligen (*walī*) eine spezifische Segenskraft zu (*baraka*). Auf Grabstätten als Wallfahrtsorte oder als Aufbewahrungsorte für Reliquien (d. h. für materielle Hinterlassenschaften und Körperteile des verstorbenen Heiligen) trifft man schließlich auch im Buddhismus und Hinduismus.

Eine allgemeine, aber dennoch trennscharfe Definition von «heilig» stellt ein ungelöstes religionswissenschaftliches Problem dar. Das «Heilige» ist z. B. durch den Gegensatz zum «Profanen» (*pro fanum*, «das vor dem heiligen Bezirk Befindliche») bestimmt worden. Der französische Religionssoziologe Emile Durkheim (1858–1917) beschrieb die Unterscheidung von heilig und profan als soziale Konstruktion, mit der identitätsstiftendes und -schädigendes Verhalten benannt werde: Das Heilige repräsentiere die normative Tradition einer Gemeinschaft, die durch «Profanierung» verletzt zu werden drohe. Durkheims Verständnis von Heiligkeit bezieht sich nicht nur auf Offenbarungsreligionen, sondern geht davon aus, dass jede Gesellschaft solche heiligen und profanen Bereiche unterscheidet. Der deutsche Theologe Rudolf Otto (1869–1937) sah das Heilige hingegen als das «Numinose», «Ganz Andere», das nur religiös erlebt, aber nicht rational durchdrungen werden kann. Das Heilige erweist sich als anziehend und ängstigend (*fascinosum et tremendum*) zugleich. Mircea Eliade (1907–1986) führte beide Deutungsmodelle zusammen: Danach basiert jede Religion auf «Hierophanien», auf Manifestationen des Heiligen, die aber nur für eine konkrete religiöse Wirklichkeitssicht konstitutiv sind. Was «heilig» und wer ein «Heiliger» ist, lässt sich lediglich innerhalb eines religionskulturellen Bezugrahmens definieren, bedarf also eines konkreten sozialen, sprachlichen und historischen Kontextes. Dass beispielsweise ein Heiliger die ihm verliehene Macht, Wunder zu wirken, nur zum Heil, nicht zum Unheil der Menschen ausübt, ist für die christliche Tradition selbstverständlich, für die antike griechische Vorstellung eines «göttlichen Menschen» gilt dies aber keineswegs. Denn hier ist für Heilige wie für Götter die fundamentale Ambivalenz von Segen und Fluch maßgebend. Hingegen kennt das biblische Gottesbild zwar Zorn und Eifer als «Gemütszustände» Gottes, dieser bleibt aber den Menschen zugewandt. Über Heiliges und Heilige zu schreiben bedarf also eines konkreten religiösen Bezugrahmens. Im vorliegenden Buch ist dies das Verständnis von «heilig» und von «Heiligen» in Geschichte, Theologie und Frömmigkeit des Christentums.

Ein Blick in die Bibel

Die christlichen Heiligen sind nicht vom Himmel gefallen. Vielmehr war in der griechisch-römischen Umwelt des Christentums ebenso wie im Alten Testament und im Frühjudentum Heiligkeit in mannigfaltiger Form präsent, wobei eine Bewegung von kultischer zu ethischer Heiligkeit festzustellen ist. Die griechische Philosophie hebt anstelle der sowohl Leben spendenden als auch zerstörenden Macht des mythischen Heiligen die ethische Dimension des Verhältnisses des Menschen zu Gott hervor. Im Neuplatonismus, aber auch bei dem frühchristlichen Theologen Justin (*Apologia* 1,13.67) und der Sache nach schon bei Paulus (Römer 12,1) wird von einem «vernünftigen Opfer» (*thysia logikē*) gesprochen.

Eine ähnliche Bewegung lässt sich im Alten Testament beobachten. Gott ist «mächtig, heilig, schrecklich» zugleich (2. Mose 15,11); er ist der Gott, der Menschen straft, die ihm die Ehre versagen, und die bange Frage provoziert: «Wer kann vor diesem heiligen Gott bestehen?» (1. Samuel 6,20) Der Prophet Jesaja sieht in einer berühmten Vision Gottes Thron, von Serafim (Flügelwesen) umgeben, die Gott als «heilig, heilig, heilig» preisen und dem Beobachter so seine Lage zu Bewusstsein bringen:

> Weh mir, ich vergehe! Denn ich habe unreine Lippen und wohne unter einem Volk mit unreinen Lippen; denn ich habe den König, den Herrn der Heerscharen, mit meinen Augen gesehen. (Jesaja 6,5)

Der Mensch, wie er für sich ist, kann die Gegenwart Gottes nicht ertragen. Doch einer der Serafim reinigt Jesaja mit einer glühenden Kohle von seiner Unreinheit (Jesaja 6,7). Gott bleibt nicht unnahbar, er selbst macht den Menschen geeignet zum Verweilen im Machtbereich göttlicher Heiligkeit.

Das gilt aber nicht nur für einzelne Personen. Vielmehr holt «der Heilige Israels» (Jesaja 1,4; 5,19; 30,11 u. ö.) das ganze Volk in seine Nähe und verpflichtet es dazu, seiner Heiligkeit zu entsprechen: «Ihr sollt heilig sein, denn ich bin heilig, der Herr, euer Gott» (3. Mose 19,2). Die Konsequenz dieser Heiligkeit besteht zunächst in strikten Reinheitsvorschriften für den Tempelkult, zunehmend geht es aber auch um die Heiligkeit im Leben: Die Gebote der Gottes- und Nächstenliebe (5. Mose 6,4 f.; 3. Mose 19,18), die im Neuen Testament zum Doppelgebot der Liebe vereint werden (Markus 12,30 f.), bestimmen prinzipiell, was geheiligtes Leben bedeutet; die 613 Gebote der Torah, der fünf Bücher Mose, legen dies für das wirkliche Leben aus. Das rabbinische Judentum konkretisiert dieses Verständnis von Heiligkeit in der Fortschreibung der Torah, dem Talmud, für alle Lebensbereiche.

Die Vorstellung, dass Gott Menschen in den Raum seiner Heiligkeit holt, wirkt im Neuen Testament fort: «Das ist der Wille Gottes, eure Heiligung» (1. Thessalonicher 4,3). Die frühen Christen verstanden sich als «Geliebte Gottes und berufene Heilige» (Römer 1,7), als «Geheiligte in Jesus Christus» (1. Korinther 1,2). Blickt man auf die Zustände, die in Korinth herrschten, so waren die dortigen Christen alles andere als Heilige: Dort regierte nicht Demut, sondern Selbstüberhebung, und Paulus hatte alle Hände voll zu tun, um die sozialen und geistlichen Unterschiede innerhalb der Gemeinde zu beseitigen. Doch hier und in seinen anderen Briefen wird gerade durch Christi Leiden, Tod und Auferstehung die Heiligkeit Gottes ganz neu bestimmt, nämlich nicht in triumphaler, sondern in gebrochener Form: Christus, der «in göttlicher Gestalt war, erniedrigte sich selbst» (Philipper 2,6–8), er wird zum «Fluch» (Galater 3,13) und zur «Sünde» (2. Korinther 5,21) gemacht. Das Göttliche geht ins Profane ein, ohne von diesem vernichtet zu werden (Johannes 1,5) – eine Überschreitung von Grenzen, die in orientalischen und hellenistischen Religionen undenkbar wäre. Und es ist keineswegs Zufall, dass Jesus nach der Schilderung der Evangelien zuerst von Dämonen als «der Heilige Gottes» erkannt wird (Markus 1,24; Lukas 4,34): Die Vertreter der widergöttlichen Macht in der Welt bekommen leib- und schmerzhaft zu spüren, dass ihnen in ihrem Einflussbereich in Jesus die Heiligkeit Gottes entgegentritt.

Die Bezeichnung der Christen als «Heilige» oder «Geheiligte» drückt ihre Teilhabe an der Heiligkeit Gottes aus, die in der Christusnachfolge konkret wird. Christus selbst überwindet die Entfremdung des Menschen von Gott als Konsequenz der Sünde und macht so die Forderung «Seid vollkommen, wie euer Vater im Himmel vollkommen ist» (Matthäus 5,48) zu einer menschlichen Möglichkeit. Wer Jesu Ethik befolgt, darf als «selig» gelten (Matthäus 5,3–11). Anders als beim antiken «Gottesmenschen» bleibt allerdings die Differenz zwischen Göttlichem und

Menschlichem gewahrt: Wer Jesus nachfolgt, wird nicht selbst Gott; und Jesus ist wiederum mehr als nur der erste christliche Heilige (und auch nicht nur ein Prophet, als den ihn später der Koran betrachtet). Die Heiligen sind nicht Akteure des Heilsgeschehens, sondern Empfangende – wie Maria, die Apostel oder die Lehrer der ersten Gemeinden, die gemeint sind, wenn es in der «Zwölf-Apostel-Lehre» (*Didache* 4,2) aus dem frühen 2. Jahrhundert heißt, der Gläubige möge «täglich das Angesicht der Heiligen aufsuchen».

Im Neuen Testament steht die gesamte Gemeinde als von Gott geheiligt im Blickpunkt. Doch für das frühe Christentum war dies nicht eine gegebene Realität, sondern eine Hoffnungsperspektive: «Führe die Kirche zusammen von den vier Winden, die Geheiligte, in dein Reich, das du ihr bereitet hast», heißt es in einem eucharistischen Dankgebet (*Didache* 10,5). Die Aussonderung individueller Heiliger aus dieser geheiligten Gemeinschaft deutet sich in den eingangs zitierten Stellen aus dem Hebräerbrief und der Offenbarung des Johannes bereits an. Die Entfaltung der Sicht der Heiligen als besonderer Gruppe innerhalb der Gemeinde bis hin zu ihrer förmlichen Kanonisierung ist aber erst das Ergebnis einer Entwicklung, die in den folgenden Kapiteln zu skizzieren ist.

I. Die Märtyrer

Christuszeugen im Neuen Testament

Der christliche Glaube steht und fällt mit dem Bekenntnis zu Jesus Christus als dem Sohn Gottes, der gestorben und auferstanden ist. Daher gehört es zum Christsein, Zeugnis (griech. *martyrion*) für Christus abzulegen:

Wer nun mich bekennt vor den Menschen, den will ich auch bekennen vor meinem himmlischen Vater. Wer aber mich verleugnet vor den Menschen, den will ich auch verleugnen vor meinem himmlischen Vater. (Matthäus 10,32–33)

Wer sich zu Christus bekennt, ist also im Wortsinne ein «Märtyrer» (Zeuge). Im Neuen Testament steht das Zeugnis durch das öffentliche Bekenntnis zu Christus im Vordergrund. Dieses Bekenntnis kann zum Tode führen (wie bei Stephanus nach Apostelgeschichte 7,54–60) oder Sehnsucht nach dem Tod wecken (so bei Paulus nach Philipper 1,23). Doch ist der Tod hier (noch) nicht selbst das Zeugnis, sondern dessen Konsequenz. Das gilt auch noch für die Offenbarung des Johannes, die in einer konkreten Bedrohungssituation das Sterben von Christen mit ihrem Zeugnis begründet und beides eng aneinander rückt:

Und als das Lamm das fünfte Siegel auftat, sah ich unten am Altar die Seelen derer, die umgebracht worden waren um des Wortes Gottes willen und um ihres Zeugnisses willen. (Offenbarung 6,9)

Allerdings ist der Zeugenbegriff hier noch offen: Offenbarung 3,14 nennt Christus selbst «den treuen, wahrhaftigen Zeugen». Erst im Laufe des 2. Jahrhunderts tritt eine Verengung auf das *Blut*-Zeugnis ein (der Sache nach um 115 bei Ignatius von Antiochien, begrifflich im Martyrium des Polykarp um 155 oder 177). Doch schon die Offenbarung des Johannes verbindet mit der Klage über den Tod die Hoffnung, dass die ermordeten Zeugen mit Christus leben, d. h. an seiner Auferstehung Teil haben werden, und zwar nicht erst beim Jüngsten Gericht, sondern unmittelbar nach ihrem Zeugentod (Offenbarung 20,4–6). Gleiches hatte die jüdische Tradition für ihre Märtyrer erhofft: Das zweite Makkabäerbuch berichtet über einen Aufstand gegen die Herrschaft der Seleukiden in Judäa im 2. Jahrhundert v. Chr. Eine Mutter und ihre sieben Söhne mussten Folter und Hinrichtung erdulden, weil sie sich weigerten, die alttestamentlichen Gebote zu verraten und Schweinefleisch zu essen: «Wir wollen eher sterben als etwas gegen das Gesetz der Väter tun!» (2. Makkabäer 7,2). Dem Blutzeugen wird auch hier die Auferstehung verheißen. Diese Vorstellung wurde für das Martyriumsverständnis des frühen Christentums maßgeblich: «Der einzige Schlüssel zum Paradies ist dein Blut!», schrieb um 200 der Nordafrikaner Tertullian (*De anima* 55,5).

«Christianus, Christiana sum»: Die Zeit der Verfolgungen

Im 2. und 3. Jahrhundert waren die Blutzeugen die Heiligen der Christenheit. Zwar wäre es verfehlt anzunehmen, die Christen hätten in dieser Zeit in beständiger Todesgefahr gelebt. Vielmehr blieben staatliche Maßnahmen gegen sie für lange Zeit lokal begrenzt; erst unter den Kaisern Decius und Valerian (250–260) sowie unter Diokletian und seinen Mitkaisern (303–311) wurden Christen reichsweit verfolgt. Doch für die Gestalt authentischen Christseins war das Martyrium die Grundsituation schlechthin: Vor einen römischen Richter gestellt, galt es, am Bekenntnis zu Christus festzuhalten und ihm damit nachzufolgen – wenn nötig bis zum eigenen Tod. Für die römische Rechtspraxis war das Christsein an sich (*nomen ipsum*) strafbar, weil das Opfer für die Götter des Reiches und vor allem für den Kaiser aufgrund des Glaubens an den einen christlichen Gott für die Christen unmöglich war; damit erwiesen sie sich in römischer Sicht als Majestätsbeleidiger und Staatsfeinde. Die Märtyrerakten schildern diesen Konflikt in der Form von Gerichtsprotokollen: Der zuständige Richter versucht die angeklagten Christen dazu zu bewegen, den Göttern zu opfern, und belegt damit sein Unverständnis für die Exklusivität des christlichen Gottesverständnisses; die Christen beteuern, sie seien loyale und moralisch untadelige Staatsbürger, begegnen aber der Forderung nach dem Götteropfer mit dem einfachen Bekenntnis: «*Christianus, Christiana sum*» – «Ich bin Christ bzw. Christin». Es ist bemerkenswert, dass zu einer Zeit, als kirchliche Ämter längst ausschließlich Männern vorbehalten waren, das Martyrium Frauen die Chance zur Teilhabe an der Verkündigung des Evangeliums bot. Bisweilen nahmen Frauen sogar eine zentrale Rolle ein: Als in Lyon um 177 zahlreiche Christen hingerichtet wurden, trat nicht der greise Bischof Pothinus, sondern Blandina als Seelsorgerin der Mitleidenden auf und wurde durch die Form ihrer Hinrichtung zum lebendigen Bild Christi:

> Dadurch, dass die Angebundene in ihrem inbrünstigen Gebet die Kreuzesform zeigte, flößte sie den Kämpfern großen Mut ein; denn in ihrem Kampf schauten sie so mit ihren fleischlichen Augen in der Schwester den, der für sie gekreuzigt worden war. (*Martyrium Lugdunensium* 1,41)

Noch eindrucksvoller wird das Martyrium der jungen Karthagerin Perpetua geschildert, die mit ihrer Sklavin Felicitas und weiteren Katechumenen im Jahr 203 hingerichtet wurde. Ihr Leidensbericht macht deutlich, dass sich die jungen Frauen nicht auf ihre Rolle als Ehefrauen und Mütter festlegen ließen, sondern ihr Martyrium selbst gestalteten, ja inszenierten – in einer nur schwer verständlichen Radikalität: Felicitas führte gar eine Frühgeburt herbei, damit sie zusammen mit ihren Gefährten (und nicht später mit gewöhnlichen Räubern) hingerichtet werden konnte (*Passio Perpetuae et Felicitatis* 15,1–6). Perpetua wiederum führte das Messer des Henkers, dessen Hand zu sehr zitterte, selbst an ihre Kehle: Der «unreine Geist» (der Teufel) fürchtete offenbar den Glauben der Christin so sehr, dass sie «nicht gegen ihren Willen» zu Tode gebracht werden konnte (ebd. 21,9 f.). Augustin (354–430) prägte in einer Gedenkpredigt dafür den Ausdruck: «In ihnen siegt, der in ihnen lebt» (*Sermo* 280,4).

Blutzeuge konnte prinzipiell jeder Christ werden, ob Mann oder Frau, arm oder reich, Laie oder Kleriker. Denn die Forderung, dem «Götzendienst» der «Heiden» zu widerstehen, galt für alle Lebensbereiche, auch wenn immer wieder Diskussionen darüber aufflammten, inwieweit z. B. der Besuch der Schule oder des Theaters als «heidnisch» abzulehnen sei, weil in jener Autoren wie Homer und Vergil gelesen, in diesem Stücke von Aischylos oder Terenz aufgeführt wurden, in denen die alten Götter auftraten. Diese Diskussion innerhalb des Christentums, wie sie in grundsätzlicher Form etwa in Tertullians Schrift «Über den Götzendienst» (*De idololatria*) geführt wurde, darf aber nicht den Blick darauf verstellen, dass der Alltag nicht von Polemik gegen pagane Gebräuche, Riten und Schriften bestimmt war, sondern vom weithin selbstverständlichen Miteinander von Christen und Nichtchristen.

Es handelte sich um Ausnahmesituationen, in denen Christen vor die Alternative zwischen dem Christusbekenntnis und dem Götteropfer gestellt wurden. Zahlreiche Christen ließen dabei die geforderte Standfestigkeit vermissen – weshalb sie auf dem Weg der Buße wieder in die kirchliche Gemeinschaft integriert werden mussten –, oft wurde aber auch die Leidensnachfolge Christi eindrucksvoll vorgelebt. Für die Mehrzahl der Christen, die nicht in eine solche Bekenntnissituation gerieten oder in ihr versagten, waren die Märtyrer Vorbilder. Im Martyrium wurde deutlich, wo der Weg hinführen konnte, ja musste, den der Christ mit seiner Taufe beschritt. Das Martyrium konnte als zweite, ja sogar als eigentliche Taufe verstanden werden (Tertullian, *De baptismo* 16,2), weil die «Bluttaufe» auch den Ungetauften zum Christen im Vollsinne mache.

Die Schilderung des Leidens und Sterbens in Märtyrerakten oder -passionen (d. h. nicht protokollartig, sondern narrativ angelegten Berichten) stellte diese Art der Nachfolge Christi bewusst als Extremform dar, nicht als Aufforderung zum allgemeinen Todesstreben oder gar zur freiwilligen Auslieferung an die Behörden. Das Martyrium zu provozieren galt vielmehr als Selbstmord und damit als Sünde gegen das dem Menschen von Gott geschenkte Leben. Augustin fand die klassische Formel für diesen Vorbehalt: «*Non poena sed causa facit martyrem*» – «Nicht die Strafe, die Anklage erweist den Märtyrer.» (*Contra Cresconium* 3,47,51) Die Strafe der Kreuzigung könne ja auch einen Räuber treffen (Matthäus 27,38)!

Ein Märtyrer war also kein antiker Heros, sondern ein Mensch, dem die Kraft zur Christusnachfolge von Gott geschenkt worden war und der darum Christus durch sein Blutzeugnis zu verherrlichen vermochte. Doch prägt die Martyriumsberichte eine Spannung zwischen dieser geschenkten Kraft zur Nachfolge und dem Aufruf, in einer Bekenntnissituation nicht zu versagen, womit wiederum das menschliche Standhalten oder Scheitern ins Spiel kommt. Die Ernsthaftigkeit dieser Forderung illustrieren die *Acta Petri*, eine Biographie des Apostels Petrus aus dem frühen 3. Jahrhundert: Petrus bewegte in Rom durch seine Predigt die schöne Xanthippe, die Frau des Senators Albinus, dazu, sich von ihrem Mann fernzuhalten, was diesen auf Rache sinnen ließ. Als Petrus auf Drängen seiner Freunde die Stadt verließ, kam ihm Christus entgegen. Petrus fragte ihn, ohne ihn zu erkennen: «*Quo vadis?*» – «Wohin gehst du?», woraufhin Christus ihm erklärte, er gehe in die Stadt, «um erneut gekreuzigt zu werden» (*Acta Petri* 35). Petrus verstand und kehrte um, um an Christi Statt das Martyrium auf sich zu nehmen. Hier wird durchaus ein Tadel an dem Apostel laut, den der Herr persönlich vor einer (erneuten!) Verleugnung bewahren muss; es wird aber auch deutlich, dass die Kritik am bewussten Erstreben des Märtyrertodes keineswegs die Erlaubnis impliziert, diesem aus Vorsicht ausweichen zu dürfen. Vor allem aber bezeugen die *Acta Petri* die Vorstellung, dass in jedem Märtyrer Christus selbst noch einmal seinen Tod erleidet – in heilvoller Weise, wenn der Christ sich als Blutzeuge erweist, während der, der das Martyrium verweigert, «Christus erneut kreuzigt» (Hebräer 6,6), und zwar zu seinem eigenen Unheil.

Der Märtyrer, bei dem die meisten der bereits genannten Deutungsstränge zusammenlaufen, ist zugleich das wohl früheste Beispiel des christlichen Blutzeugen: Bischof Polykarp von Smyrna, der 155 (möglicherweise auch erst 177) ums Leben kam. Er wurde im Zuge einer lokalen Verfolgungsmaßnahme vor dem Prokonsul Quadratus angeklagt. Von Freunden gedrängt, verbarg sich der Bischof auf einem Landgut, wo ihn im Gebet jedoch eine Vision ereilte, in der er sein Kopfkissen brennen sah. Das zeigte ihm: «Ich muss lebendig verbrannt werden» (*Martyrium Polycarpi* 5,2). Sowohl der Friedensrichter als auch der römische Prokonsul redeten ihm gut zu, er solle dem Kaiser opfern und sich damit retten. Polykarp jedoch blieb standhaft: «Sechsundachtzig Jahre diene ich Christus, und er hat mir kein Unrecht zugefügt – wie kann ich da meinen König lästern, der mich gerettet hat?» (ebd. 9,3). Dem römischen Beamten blieb nichts anderes übrig, als den Bischof zum Tode verurteilen zu lassen, was Polykarp wiederum zum Anlass für ein hymnisches Lob Gottes nahm:

> Ich preise dich, weil du mich dieses Tages und dieser Stunde gewürdigt hast, Teil zu haben in der Zahl der Märtyrer am Becher deines Christus zur Auferstehung des ewigen Lebens von Seele und Leib in der Unvergänglichkeit des heiligen Geistes. Unter ihnen möchte ich heute vor dir angenommen werden zu einem reichen und wohlgefälligen Opfer, wie du es zuvor bereitet und offenbart und jetzt erfüllt hast, untrüglicher und wahrhaftiger Gott. (ebd. 14,2)

Das Martyrium macht den Märtyrer christusförmig: Wie Christus wird er als Opfer hingegeben. Dadurch bekommt auch sein Tod Heilsbedeutung für die Lebenden. Polykarp wurde zum Mittler des Opfers Christi für alle, die – aus welchen Gründen auch immer – das Martyrium nicht erlitten. Hatte der Bischof schon zuvor durch seinen Lebenswandel Vorbildfunktion ausgeübt, so wiederholte sich in seinem Sterben das blutige Opfer Christi am Kreuz. Damit kam der Märtyrer Christus derart nahe, dass eine Klärung nötig war, um Polykarp nicht als «Halbgott» erscheinen zu lassen:

> Christus verehren wir als den Sohn Gottes, die Märtyrer aber lieben wir in angemessener Weise als Jünger und Nachahmer des Herrn wegen der unüberbietbaren Zuneigung zu ihrem König und Lehrer – wenn doch auch wir deren Teilhaber und Mitjünger würden! (ebd. 17,3)

Der Gedanke des stellvertretenden Eintretens eines Bischofs für seine Gemeinde blieb im Märtyrer- und späteren Heiligengedenken präsent: 258 erlitt Bischof Cyprian von Karthago das Martyrium; er hatte erst lernen müssen, dass angesichts einer Verfolgung nicht das Überleben des Leiters einer Gemeinde, sondern sein standhaftes Bekennen das Gebot der Stunde war. Obwohl es dem Volk verwehrt war, selbst den Märtyrertod zu erleiden (den römischen Behörden lag nicht daran, ein Blutbad zu veranstalten), erhielt es durch Cyprians «Erstlingsopfer des Martyriums» Anteil an dem dadurch von ihm erworbenen Heil (Pontius, *Vita Cypriani* 17). Indem das Kirchenvolk «das Leiden seines Bischofs teilte», wurde es «von Gott dem Richter gleichfalls gekrönt» (ebd. 18). Bereits um 115 hatte Bischof Ignatius von Antiochien in Erwartung des Martyriums von sich selbst als einem «Opfer für Gott» gesprochen (*Epistula ad Romanos* 4,2). Die sakramentale Dimension des Blutzeugnisses trat seiner ethischen Bedeutung zur Seite, so dass Märtyrer nicht nur – wie Sokrates, dessen Todesbereitschaft die frühen Christen sehr schätzten – nachahmenswerte Vorbilder, sondern auch wirksame Mittler des göttlichen Heils waren.

Vorbilder der Standhaftigkeit

Die ethische und die sakramentale Dimension trafen sich in der liturgischen Verehrung der Heiligen, die ebenfalls bei Polykarp von Smyrna erstmals literarisch belegt ist: Seine Gemeindeglieder «wünschten, mit dem heiligen Fleisch Gemeinschaft zu haben» (*Martyrium Polycarpi* 17,1) und seines Leichnams habhaft zu werden. Dies versuchte der römische Prokonsul, von jüdischer Seite angestiftet, zu verhindern; darin wiederholt sich – kaum zufällig – die Kooperation von Römern und Juden, die die Evangelien für den Tod Jesu veranschlagen! Obwohl Polykarps Körper verbrannt wurde, gelang es der christlichen Gemeinde doch, seine Gebeine, «die edler als Edelsteine und kostbarer als Gold sind», zu bestatten (ebd. 18,2). Der Friedhof wurde zum Ort der Begegnung mit dem Märtyrer, der in der Feier der Eucharistie präsent war (ebd. 18,3).

Die sterblichen Überreste der Märtyrer standen im Mittelpunkt des Kultes an ihrem Todestag, der als zweiter «Geburtstag» (*dies natalis*) liturgisch begangen wurde. Der Kult der Märtyrer diente als Kompensation dafür, dass selbst in der frühen Kirche die meisten Christen kaum einmal in so dramatischer Weise vor der Entscheidung standen, ihren Glauben zu bekennen oder zu verleugnen. Die Märtyrer waren prototypische Christen, an denen Gott in heilvoller Weise gehandelt hatte – in ihnen öffnete sich «ein Sichtfenster, durch welches der Glaube das ihm verheißene jenseitige Heil erkennen kann» (Martin Ohst).

Der Gedanke, dass Gott bestimmte Christen gezielt aus der «Gemeinschaft der Heiligen» aussondert, ist erheblich älter als das Glaubensbekenntnis, in dem von der *communio sanctorum* die Rede ist (um 400). Als Christen im Laufe des 3. Jahrhunderts zunehmend staatlichen Repressalien ausgesetzt waren, trug das liturgische Gedenken an die in besonderer Weise «Heiligen», die Märtyrer, den Charakter des Trostes und zugleich der Zurüstung für die «normalen» Heiligen. Nicht zufällig wurden jetzt auch die Apostel sämtlich als Märtyrer verehrt, und aus derselben Zeit stammen erste Nachrichten über das Grab des Petrus unter der heutigen Peterskirche in Rom. Die Märtyrer zeigten, dass die Gemeinschaft der Heiligen Zeit und Raum überstieg:

> Die Seelen der verstorbenen Frommen sind nicht etwa von der Kirche getrennt ... Denn sonst würde ihrer nicht am Altar in der Gemeinschaft des Leibes Christi gedacht werden. (Augustin, *De civitate Dei* 20,9)

Die Martyrer waren aber nicht nur als Vorbilder, sondern auch als Fürbitter populär: Weil sie im Angesicht des Todes standhaft ihren Glauben an Christus bekannt hatten, schrieb man ihnen die Möglichkeit zu, für die Lebenden bei Gott ein gutes Wort einlegen zu können. Denn sie hatten ja schon jenen Kampf bestanden, der prinzipiell jedem Christen auferlegt war, so dass sie vor Gott für weniger konsequente Christen eintreten konnten. Das erforderte freilich eine genaue Unterscheidung zwischen Christus als dem, der das Heil erwirkt hatte und deshalb «wirklich und dem Wesen nach» heilig war, und den Christen, die «nicht dem Wesen nach, sondern durch Teilhabe, Askese und Gebet» an dieser Heiligkeit partizipierten (Cyrill von Jerusalem, *Catecheses mystagogicae* 5,19). Über diese Frage entbrannte um 400 zwischen dem Asketen Hieronymus und seinem Kritiker Vigilantius eine heftige literarische Kontroverse, weil letzterer zwischen der Anbetung Christi und dem Kult der Märtyrer die Unterschiede verwischt sah. Mit der Kritik am Märtyrergedenken traf Vigilantius die liturgische Praxis der Kirche an einer empfindlichen Stelle und erntete dafür heftigen Widerspruch. Denn obwohl die Märtyrer selbstverständlich als Menschen, nicht als (Halb-)Götter galten, war doch für die frühe Kirche klar, dass es eine herausgehobene Gruppe von Verstorbenen geben konnte und musste, die bereits ihren Platz im Himmel eingenommen hatten.

Eine besondere Rolle spielten schließlich die «Konfessoren» («Bekenner»): Christen, die fest zu ihrem Glauben gestanden, aber aus von ihnen nicht zu verantwortenden Gründen überlebt hatten. Sie nahmen für sich die geistliche Vollmacht in Anspruch, weniger standhaft gebliebenen Christen Absolution zu erteilen, während Cyprian von Karthago die Vollmacht zur Sündenvergebung ausschließlich den Bischöfen vorbehielt. Wahre Märtyrer könnten nur Christen sein, die mit dem legitimen Bischof in Gemeinschaft stünden (*De unitate ecclesiae* 14). Der Konflikt zwischen Amt und Charisma wurde hier zu Gunsten der bischöflichen Amtsgewalt entschieden. Wie mit «lebenden Heiligen», d. h. durch strikte Todesbereitschaft glaubhaft ausgezeichneten Christen, umzugehen sei, blieb aber ein Problem, das in der Kirchengeschichte immer wieder aufbrach. Zudem stellte sich nach dem Ende der Christenverfolgungen die Frage, wer nun innerhalb der Kirche an Stelle der Märtyrer die Rolle als Leitbild authentischen Christseins einnehmen solle.

2. Die Spätantike

Vom Blutzeugnis zum Lebenszeugnis

Ein Edikt des Kaisers Galerius vom 30. April 311 beendete die letzte große Christenverfolgung der Antike, die 303 begonnen hatte. Galerius erkannte, dass das Christentum zwar durch die Konfiskation von heiligen Texten, den Abriss von Kirchengebäuden und die Einkerkerung von Bischöfen und Priestern geschwächt war, andererseits aber mit jedem Märtyrer die Standhaftigkeit der Gemeinden gestärkt wurde. Zudem war die Kirche in der Friedenszeit zwischen 260 und 303 in die antike Gesellschaft derart hineingewachsen, dass sie aus dieser nicht ohne Schaden würde entfernt werden können. Kaiser Konstantin (306–337) zog lediglich die Konsequenzen aus dieser Einsicht, indem er die Kirche förderte, ihre Bischöfe mit Aufgaben in der Gerichtsbarkeit betraute und dafür Sorge trug, dass im römischen Reich eine einheitliche Ausprägung des Christentums existierte, wozu ein zunehmend rigoroses Vorgehen gegen innerchristliche Dissidenten gehörte.

Schon vor der Konstantinischen Wende trat ein anderes Leitbild neben den Märtyrer: der Bischof. Cyprian von Karthago, der 258 unter Kaiser Valerian hingerichtet wurde, war der erste Märtyrer, dessen Leben *vor* dem Tod eigene Dignität beigemessen wurde. Der Diakon Pontius verfasste eine *Vita et Passio*, eine Darstellung des Lebens *und* des Leidens, und obwohl auch bei Cyprian der Tod die Krönung des Lebens ist, ist deutlich, «dass dieser auch ohne das Martyrium unser Lehrer sein konnte» (*Vita Cypriani* 1). Heilig war Cyprian als Bischof, d. h. als Theologe, Seelsorger und Lehrer der Gemeinde in Karthago. Ein besonderer Christ wurde er nicht erst durch das Martyrium, sondern schon durch seine außergewöhnliche Konversion zum Christentum; denn er hatte sein «heidnisches» Leben – Reichtum, Bildung, berufliche Ambitionen – radikal hinter sich gelassen (ebd. 2). Der heilige Bischof handelte tatkräftig *in* der Welt, nahm aber zugleich geistliche Distanz zu ihr ein.

Die Leitbilder des Heiligen und des Märtyrers lösten sich im 4. Jahrhundert aber nicht einfach ab, sondern überlappten sich: Die neue Avantgarde des Christentums waren nach der Konstantinischen Wende die «Eremiten» (die Bewohner des *Eremos*, der Wüste), die sich aus der zivilisierten Welt und aus der «verweltlichten» Kirche zurückzogen. Freilich blieb das Ideal des Blutzeugnisses weiterhin in Geltung. Ein Jahrhundert nach Cyprians Tod betonte der Hagiograph des Wüstenvaters Antonius (251–356), Bischof Athanasius von Alexandrien (ca. 295–373), dass natürlich auch Antonius das Martyrium erhofft, ja gesucht habe, von Gott aber für andere Zwecke vorgesehen gewesen sei: Er habe noch weitere Menschen zur spirituellen Existenz in der Wüste anleiten müssen und daher sein Leben nicht als Blutzeugnis für Christus dahingeben dürfen (*Vita Antonii* 46). Selbst bei diesem Prototyp des Eremitentums bestand also Begründungsbedarf, warum er den Märtyrern der frühen Kirche – deren liturgisches Gedächtnis intensiv gepflegt wurde – nicht an Entschlossenheit, Christus nachzufolgen, nachstehe. Athanasius betont, dass Antonius nur ungern, «unter Schmerzen», auf das Martyrium verzichtet habe und stattdessen täglich durch die Kämpfe um seinen Glauben Zeugnis abgelegt habe.

Ein ähnliches Argument wird für den wichtigsten Heiligen der westlichen Kirche im 4. Jahrhundert ins Feld geführt, für Martin von Tours (gest. 397):

> Denn welche Bitterkeit menschlicher Schmerzen hat er nicht in der Hoffnung auf das ewige Leben ertragen, Hunger, Nachtwachen, Blöße, Fasten, neidisches Übelwollen, böswillige Verfolgung, Pflege von Kranken, bange Sorge um Gefährten? ... Dazu kommen noch seine mannigfachen täglichen Kämpfe gegen die gewalttätige Bosheit der Menschen und Teufel. Seine sieghafte Kraft, seine beharrliche Geduld und sein ausdauernder Gleichmut errang die Oberhand, mochte er noch so viele Angriffe zu bestehen haben. (Sulpicius Severus, *Epistula* 2,12 f.)

Der Hagiograph brachte seine Ausführungen auf den Punkt: «Wenn er also ein solches Blutzeugnis nicht erbrachte, so erfüllte er dennoch die Pflicht des Zeugnisses ohne Blut.» Es seien ja lediglich die Umstände gewesen, die ihn am Martyrium gehindert hätten, «seiner Sehnsucht und Tugend nach hätte er ja Märtyrer sein können und wollen!» Martin war Einsiedler und Missionar, Seelsorger und Bischof zugleich, und das brachte ihm in Sulpicius' Sicht den gleichen Lohn wie einem Märtyrer:

> Ich hoffe und glaube es und bin der festen Zuversicht, dass er vor allem in der Gesellschaft derer ist, die ihr Gewand im Blute des Lammes gewaschen haben; er folgt rein von jedem Fehltritt dem Lamm, das vorangeht. (ebd., vgl. Offenbarung 14,4)

Das Stichwort «rein» stellt ein wichtiges Kriterium für die Bestimmung von Heiligkeit durch ein «unblutiges» Martyrium dar: Die dem Lamm nachfolgen sind «unbefleckt», und dies wurde mit geschlechtlicher Keuschheit gleichgesetzt, je mehr Sexualität mit Sünde in Verbindung gebracht wurde. «Rein» wurde seit der Spätantike konkret als «jungfräulich» verstanden (was sexuelle Askese von Männern einschloss). Heiligkeit durch ein «unblutiges Martyrium» bedeutete, sich von jeder Kontamination fernzuhalten, und hierbei – anders als in den paganen Kulten der Umwelt – spielte kultische Reinheit eine geringere Rolle als der Verzicht auf Sexualität als Zeichen einer kontinuierlichen asketischen Lebenshaltung.

Die Aufzählung der Taten und Eigenschaften Martins von Tours zeigt eine Vielzahl von Kriterien, die im Prinzip *jeden* Menschen als Heiligen, d.h. als zu Gott in besonderer Beziehung stehend, charakterisieren könnten. Doch primär traten an die Stelle der Märtyrer die Asketen: Männer und Frauen, die auf das verzichteten, was die Welt ihnen bot, zumal auf Sexualität, Ehe und Kinder. Am Ende des 4. Jahrhunderts führte in Rom die Rangliste der populärsten Heiligen nicht der (verheiratete) Apostel Petrus, sondern die Märtyrerin und Jungfrau Agnes an. Sie habe das «doppelte Martyrium der Schamhaftigkeit und der Frömmigkeit» erlitten, so Ambrosius von Mailand (*De virginitate* 1,2,9), und sei dafür mit einer doppelten

Krone gekrönt worden, so der christliche Dichter Prudentius (*Peristephanon* 14,7–9).

Das Märtyrerideal überdauerte also die Zeit der Christenverfolgungen, zum einen durch das liturgische Gedenken der Märtyrer, zum anderen durch die Übertragung des Märtyrertitels auf Asketen, die sich nicht durch ein blutiges, aber doch durch ein unverwechselbares Zeugnis für Christus im Leben auszeichneten. Konsequenterweise konnte auch ein Lebender als Märtyrer bezeichnet werden, so z. B. Victricius von Rouen (gest. 407), den Paulinus von Nola (gest. 431) einen *martyr vivus* nannte, da er allen Gläubigen als «Beispiel an Vollkommenheit der Tugend und des Glaubens» diene (*Epistula* 18,9 f.). Als Vorbild zog Paulinus dabei das Beispiel des frühchristlichen Bekenners heran: «Stirbt ein Konfessor und hat wider Willen keine Strafe erlitten, so gilt vor Gott statt Blut die Glaubensstärke» (*Carmen* 14,5 f.). Die Asketen traten also der Sache nach nicht die Nachfolge der Märtyrer, sondern der Konfessoren an, erhielten aber von den Zeitgenossen den Ehrentitel *martyr*. Das schlagendste Beispiel für die Erweiterung des Begriffs des «Zeugen» ist die *Vita* des Martin von Tours: Zum Zeitpunkt der Veröffentlichung lebte der Heilige noch!

Bei solchen neuen Zeugen oder Bekennern war das Martyrium nicht mit einem konkreten Datum verbunden, sondern präsentierte sich als längerer Prozess. Hieronymus schrieb, die römische Adlige Paula, die zuletzt in einem Kloster nahe Bethlehem gelebt hatte, sei «nach einem langen Martyrium gekrönt worden: Denn nicht nur das vergossene Blut wird als Glaubensbekenntnis angerechnet, sondern auch die Hingabe einer treuen Seele durch ein tägliches Martyrium» (*Epistula* 108,31,1). Fast schon eine Umkehrung der Werte nahm Petrus Chrysologus (gest. um 450), Bischof von Ravenna, vor: «Weniger der Tod als Glaube und Demut zeichnen den Märtyrer aus» (*Sermo* 128,1). Damit war der Tod zwar nicht ausgeblendet, er markierte aber nur den Endpunkt eines heiligmäßigen Lebens. Und dieses Leben vor dem Tod wurde als asketisches Leben verstanden, wie aus einer Predigt des Faustus von Riez (gest. um 495) über den Märtyrer Genius von Arles hervorgeht:

Lasst uns ein neues Martyrium erwerben, nicht durch den Tod des Fleisches, sondern durch Abtötung des fleischlichen Lebens, damit auch über uns Lebende gesagt werde: «Wertvoll ist in den Augen des Herrn der Tod seiner Heiligen» [Ps 116,15]. (*Sermo* 56,9)

Doch ist nicht zu vergessen, dass Seelsorger wie Augustin mehrere Wege zur Heiligkeit kannten: «Jener Paradiesgarten des Herrn enthält nicht nur die Rosen der Märtyrer, sondern auch die Lilien der Jungfrauen, das Efeu der Verheirateten und die Veilchen der Witwen» (*Sermo* 304,2). Ein vorbildliches Leben ließ sich also auf unterschiedliche Weise führen. Die Einschränkung des Heiligkeitsideals im Mittelalter auf Unverheiratete und sexuell Abstinente war jedoch schon in der Alten Kirche vorbereitet.

Rückzug in die Wüste: Antonius

Der Bestseller des 4. Jahrhunderts war das «Leben des heiligen Antonius» aus der Feder des Athanasius von Alexandrien. Es erscheint paradox, dass in einer Zeit, in der das Christentum in Städten prosperierte und regen Zulauf durch Gebildete erfuhr, ausgerechnet jemand zum Leitbild avancierte, der sich in jeder Hinsicht als nicht gesellschaftsfähig gerierte: Antonius wies bereits als Kind den Besuch der Schule zurück, um nicht mit «heidnischen» Altersgenossen in Berührung zu kommen, und verschenkte seinen Besitz; er lebte zuerst in Gräbern am Rande der Zivilisation und zog sich dann in die Wüste zurück, die als Wohnstatt der Dämonen galt; er hatte kein geistliches Amt inne und war somit das exakte Gegenteil zu den juristisch, rhetorisch und theologisch gebildeten Bischöfen der Spätantike.

Auf den zweiten Blick ist dieses Phänomen weniger verwunderlich. Der Verzicht auf weltliche Karriere und Reichtümer lag, seit beides den Christen ungehindert zugänglich war, in der Luft und hatte zudem einen biblischen Haftpunkt in der Aufforderung Jesu an den reichen Jüngling: «Willst du vollkommen sein, so geh hin, verkaufe, was du hast, und gib's den Armen, so wirst du einen Schatz im Himmel haben; und komm und folge mir nach!» (Matthäus 19,21). Antonius hatte als junger Mann bereits von der Wohltätigkeit der ersten Christen in Jerusalem erfahren (Apostelgeschichte 4,35). Als er nun die Worte des Evangeliums hörte, «war ihm, wie wenn ihm von Gott die Erinnerung an diese Heiligen gekommen sei und als ob um seinetwillen jene Lesung der Schriftstelle geschehen sei» (*Vita Antonii* 2).

Die Bekehrung auf ein derart treffendes Bibelwort hin wird von zahlreichen Heiligen berichtet (so z. B. von Sulpicius Severus, *Vita Martini* 25,4 über Paulinus von Nola). Antonius' Beispiel wurde zum Vorbild für viele andere, die der Welt entsagten: Augustin leitet den berühmten Bericht von seiner eigenen Bekehrung damit ein, dass ihm ein Freund über Antonius und die durch dessen Beispiel angeregten Konversionen zweier kaiserlicher Beamter in Trier berichtete (*Confessiones* 8,6,14 f.). Wenige Jahrzehnte nach seinem Tod (356) hatte Antonius also bereits Popularität in entlegenen Winkeln des römischen Reiches gewonnen; schon um 375 lagen zwei Übersetzungen seiner *Vita* ins Lateinische vor. Er verkörperte ein Ideal, das der Theologe Origenes (185–254) aus Alexandrien so formuliert hatte:

> Wenn jemand sich selbst Gott weiht, sich nicht in weltliche Beschäftigungen verstrickt, damit er dem gefalle, dem er sich anheim gegeben hat, wenn jemand sich von den übrigen fleischlich lebenden Menschen und ihren weltlichen Aufgaben gänzlich abwendet, indem er nicht das Irdische, sondern das Himmlische sucht, so wird er verdientermaßen heilig genannt. (*Homiliae in Leviticum* 11,1)

Das Leben des Antonius weckte nicht nur in den unteren Bevölkerungsschichten Begeisterung. Auch für die «upper class» in Alexandrien, Konstantinopel oder Rom waren Wunder und Dämonen selbstverständliche Bestandteile der Welt, und die Frage, was unter den Bedingungen der Gegenwart Nachfolge Christi heißen könnte, wurde als drängend empfunden. Gerade in solchen Kreisen wurden die *Vita Antonii* und ähnliche Schriften viel gelesen, und es entwickelte sich ein hagiographischer Literaturmarkt, auf dem verschiedene Schriftsteller ihre «Helden» zu positionieren versuchten.

Die Konsequenzen, die man aus dieser Lektüre zog, waren allerdings sehr unterschiedlich. Viele beschränkten sich auf die literarische Beschäftigung mit den Heiligen im fernen Ägypten. Doch es gab auch asketisches Leben innerhalb der römischen Elite: Der Senator Pammachius kam im Mönchsgewand zur Sitzung des Senats, was Aufsehen erregte. Honoratus (gest. 429), später Gründer des Inselklosters Lérins und Bischof von Arles, reiste als junger Mann nach Ägypten, um sich vor Ort über die Eremiten zu informieren. Und die oben erwähnte Paula war nur eine von vielen römischen Adligen, die im Heiligen Land Klöster gründeten, um dort eine geistliche Lebensform zu pflegen. Zwar gab es auch Viten, deren Protagonisten nicht in die Wüste gingen und sich weniger durch Wunder als durch ihre Predigt und Seelsorge auszeichneten, so z. B. die Bischöfe Ambrosius von Mailand und Augustin von Hippo. Aber auch für das Bild des heiligen Bischofs spielte es eine Rolle, ob er vor dem Aufstieg zum Episkopat eine Phase asketischen Lebens absolviert hatte: Vor allem im griechischen Osten galt dies als Kriterium für die geistliche Autorisierung eines Bischofs.

Die besondere Heiligkeit des Antonius liegt einerseits darin begründet, dass Athanasius mit ihm auf der Grundlage frühchristlicher Ideale von Reinheit und Virginität das Urbild des Mönchs, dessen, «der in die Einsamkeit geht» (*monachos*), schuf. Pachomius, der Begründer des «Koinobitentums», des Zusammenlebens in einem Kloster, stellte dem Eremiten bald ein weiteres Leitbild mit erheblicher Nachwirkung zur Seite. Andererseits ist die *Vita Antonii* aber auch Zeugnis für eine neue Besinnung auf Gottes Handeln in der Welt: Die Heilung von Kranken und die Austreibung von Dämonen (*Vita Antonii* 14) galten bereits in den Evangelien als Zeichen der Nähe des Reiches Gottes (Lukas 11,20). Anders als die Märtyrer, die für ihr jenseitiges Heil litten, wurden die Asketen mit ihren Erfahrungen und Taten Zeichen der machtvollen Gegenwart des göttlichen Heils. Der Heilige wird zum «Mann Gottes», weniger im Sinne des antiken Heros als des Propheten Elia (*Vita Antonii* 7). Der Ort, an dem sich das Heil ereignet, ist die Wüste, in der Antonius, wie schon Jesus, Versuchungen und Attacken der Dämonen widersteht. Das schafft er freilich nicht aus eigener Kraft, sondern durch den Beistand Christi, dem er deshalb nicht nur im Leiden, sondern auch im Herrschen nachfolgt.

Diese Machtfülle, die den Christen insgesamt verheißen, den Asketen aber sichtbar gegeben war, barg Konfliktpotenzial: Athanasius unterstrich, dass Antonius die Bischöfe und Presbyter ehrte und mit Irrlehrern nichts zu tun haben wollte – was bei jemandem, der seinen Tag mit Dämonen und Skorpionen verbrachte, offenbar nicht als selbstverständlich vorausgesetzt werden konnte. Bischof Basilius von Caesarea (gest. 379) versuchte, das «wilde» Mönchtum in die Kirche zu integrieren und eine Konkurrenz zwischen bischöflicher Autorität und asketischer Heiligkeit zu vermeiden. Doch gerade die Asketen des Ostens bewahrten sich – von den ägyptischen Wüstenvätern bis zu den russischen Starzen – stets ein kirchenkritisches Potenzial: So ließen sich die Mönche im Hinterland der syrischen Metropole Antiochien nur schwer domestizieren. Die Kluft zwischen den spektakulären Heiligkeitspraktiken und der christlichen Normalexistenz wird besonders an den «Säulenstehern» (Styliten) deutlich, die lange Jahre in einer Kanzel auf einer hohen Säule verbrachten und von dort aus predigten und missionierten – je nachdem, wer gerade vorbeikam: Symeon Stylites der Ältere (gest. 459) empfing gelegentlich sogar die byzantinischen Kaiser. Er war dem Himmel – ganz in Origenes' Sinne – so nahe wie keiner der Zeitgenossen, und am Ort seiner Säule entstand ein großes Wallfahrtsheiligtum (Qal'at Sim'an).

Das Ideal asketischer Heiligkeit hatte also zuerst in Ägypten Konjunktur und breitete sich schnell nach Syrien und Kleinasien aus. Dabei kam es auch zu Konkurrenz: Schon Athanasius widmete die *Vita Antonii* «Mönchen in der Fremde», die mit den ägyptischen Mönchen in «trefflichem Wettstreit» stünden, «indem ihr euch vorgenommen habt, diesen gleich zu werden oder sie womöglich noch zu übertreffen» (*Vita Antonii*, Vorwort). Im lateinischen Westen entstanden schon bald hagiographische Gegenentwürfe zu Antonius. Hieronymus verfasste kurz nach 375 eine Vita des Paulus von Theben und beschrieb diesen als den eigentlichen Urvater des Eremitentums. Hier tritt Antonius selbst auf und kommt in ganz unasketischer Selbstüberhebung auf den Gedanken, er sei der erste und einzige Mönch (*Vita Pauli* 7). Prompt wird ihm durch ein Traumgesicht aufgetragen, sich auf die Suche nach dem wahrhaft ersten Einsiedler zu begeben. Nach einer abenteuerlichen Reise erreicht er die Klause des Paulus, der ihm erst nach längerem Zögern die Tür öffnet (*Vita Pauli* 9). Ein kaum zu lösender Konflikt entsteht um die Frage, wer dem anderen das eucharistische Brot brechen dürfe, das ihnen ein Rabe gebracht hatte (wie bei Elia, 1. Könige 17,6). Schließlich ziehen beide so lange an je einem Ende des Brotes, bis jeder ein Stück in der Hand behält. Die Hierarchie wird schließlich dadurch geklärt, dass Paulus stirbt und Antonius ihn begräbt (*Vita Pauli* 16). Seinen Mitbrüdern berichtet der Heimgekehrte:

> Wehe mir armem Sünder, der ich zu Unrecht den Namen Mönch trage. Ich habe Elias, ich habe Johannes in der Wüste, ich habe wahrhaftig Paulus im Paradies gesehen. (*Vita Pauli* 13)

Auch in Hieronymus' *Vita Hilarionis*, entstanden um 390, spielt Antonius mit. Er ist Lehrer des jungen Hilarion, der ihn aber verlässt, weil er die Ströme von Besuchern nicht mehr ertragen kann, die die Wüste zu einer Stadt machen (*Vita Hilarionis* 3). Die Verzweiflung eines Heiligen über seine wachsende Bekanntheit findet sich in zahlreichen Viten: Damit die Kommunikation des Evangeliums im Medium der Hagiographie gelingt, dürfen selbst Eremiten sich nie so weit von der Zivilisation entfernen, dass sie nicht mehr wahrnehmbar wären. Auch die «Mönchsromane» des Hieronymus vertreten ein eremitisches Ideal, das die Umwelt des Eremitentums stets im Blick behält. Paulus und Hilarion sind gebildete Hellenen, die aus ihrer Welt auswandern, ihre Kenntnisse und Umgangsformen aber mitnehmen. Sie sind Helden der hagiographischen Unterhaltungsliteratur, die Römertum und Christentum in ein harmonisches Verhältnis zueinander setzt.

Vor Gott für die Lebenden eintreten: Martin von Tours

Aber nicht Hieronymus, sondern Sulpicius Severus schuf mit der Vita des Martin von Tours – durch das Martinsfest am 11. November bis heute präsent – das Gegenstück zur *Vita Antonii.* Martin tritt nicht in der Einöde, sondern mitten in der Zivilisation, nämlich am Stadttor von Amiens, als Heiliger auf; mangels einer geeigneten Wüste zieht er durch das von Barbaren bedrohte Gallien und wird in der Nähe von Poitiers in einer Mönchszelle sesshaft. Die oben geschilderte Szene, in der Gott um ein Haar die Fürbitte seines Heiligen überhört hätte, beschreibt die «Interzession», das Eintreten des Heiligen vor Gott für die Lebenden oder Verstorbenen. Gott kann und wird einem solchen Heiligen seine Bitte nicht abschlagen. «Heilig» (*sanctus*) ist hier noch kein Terminus technicus, sondern kann im 4. Jahrhundert auch als Bezeichnung für *alle* Christen und sogar als Eigenname bzw. Taufname auftreten. Doch wird die besondere Würdigkeit Martins durch seine Aufnahme in den exklusiven Kreis der Gottesboten kenntlich gemacht. Die Auferweckung eines Toten erinnert an das Vorbild Elias (1. Könige 17,17–24) und des Paulus (Apostelgeschichte 20,10) und lässt deren vom Geist beflügelte Zeit in der Gegenwart wieder aufleben:

> Keiner der Eremiten hat wie unser Martin dem Tode geboten! Unser Sulpicius stellt ihn mit Recht den Aposteln und Propheten zur Seite; ist er ihnen doch tatsächlich in allem gleich, wie seine Glaubenskraft und Wunderwerke zeigen. (Sulpicius Severus, *Dialogi* 2,5,2)

Indem Martin Dämonen austreibt, Kranke heilt und selbst den Barbaren das Evangelium verkündigt, wird für alle Welt erkennbar, dass Christus in ihm wirkt: «Christus, du hast dies Wunder gewirkt. Denn was deine Diener in deinem Namen vollbringen, das ist dein Werk.» (ebd. 1,14,8) Diese wichtige Unterscheidung sollte in der weiteren Geschichte der Heiligenverehrung oft verwischt werden: Der Heilige wird nicht um ein Wunder gebeten, sondern um seine Fürbitte, damit Gott (bzw. Christus) *durch ihn* ein Wunder wirkt!

Martin unterscheidet sich von den ägyptischen Einsiedlern dadurch, dass er 367 zum Bischof von Tours geweiht wird, was allerdings nicht ohne Hindernisse geschieht. Einerseits will Martin partout nicht seine Klause verlassen (die Anekdote, er habe sich in einer Höhle versteckt, wo ihn das Geschnatter einer Gans verraten habe, ist allerdings späteren Datums), andererseits behaupten manche gallische Bischöfe, «ein Mann von so kümmerlichem Äußeren, mit schmutzigem Kleid und ungepflegtem Haar» sei dieses Amtes nicht würdig (*Vita Martini* 9,3). Der Tadel gerät unfreiwillig zum Lob, ist doch für Sulpicius Severus Martin der Gegenentwurf zu den arrivierten Bischöfen, die Irrlehrern und Heiden in Gallien nichts entgegenzusetzen haben! Er überwindet im Namen Christi den Irrglauben der Heiden, lässt heilige Bäume fällen und baut an deren Stelle Kirchen (*Vita Martini* 13,9), ein Motiv, das im 8. Jahrhundert bei Bonifatius wiederkehrt.

Die *Vita Martini* lässt erahnen, wie umstritten das Leitbild des Heiligen im 5. Jahrhundert war. Treten hier die anderen Bischöfe nur als Karikatur auf, so wurde wiederum in der hagiographischen Literatur, die im Inselkloster Lérins entstand, das «martinische» Mönchtum regelrecht totgeschwiegen. Von hier kamen nicht nur gelehrte geistliche Schriften, sondern auch viele Bischöfe, die nach dem Zusammenbruch der staatlichen Institutionen im Zuge der Völkerwanderung eine entscheidende Rolle in ihren Städten und Regionen spielten und dies auch für völlig sachgerecht hielten. Hilarius von Arles pries seinen Vorgänger Honoratus (gest. 429), dieser habe es nicht nötig gehabt, sich durch Wunder auszuweisen, sei doch sein ganzes Leben «ohne auf Bewunderung zielenden Aberglauben» verlaufen und damit insgesamt ein Beleg für das Wirken der Gnade Gottes (*Sermo de vita S. Honorati* 37,1–8). Dagegen betrachtete Sulpicius Severus Heilungswunder als unfehlbares Kriterium für Martins Heiligkeit (*Vita Martini* 19,2) und beklagte, dessen Wunderkraft habe merklich nachgelassen, seit er Bischof geworden sei (*Dialogi* 2,4,1) und gezwungen sei, sich in Gesellschaft anderer Bischöfe aufzuhalten (ebd. 3,13,5 f.) – schließlich beschloss er, fortan keiner Synode mehr beizuwohnen, denn es fehlte ihm ganz offensichtlich an der Zeit, seine Kraft im Gebet mit Gott quasi wieder aufzuladen!

Generell war die Spätantike eine Blütezeit der hagiographischen Literatur, was unterschiedliche Heiligkeitsideale mit sich brachte, wie Antonius und Martin, Hieronymus' gebildete Eremiten und die «lerinischen» Mönche und Bischöfe zeigen. Die Übersetzer der Antoniusvita, aber auch Johannes Cassian (gest. 435) vollführten dabei einen Kulturtransfer, indem sie das Ideal des Wüstenmönchtums unter den Bedingungen des lateinischen Westens neu formulierten. Im 6. Jahrhundert mündeten diese Bemühungen in den Textkomplex der *Vitae Patrum*, der Hieronymus' Mönchsromane und weitere Lebensbeschreibungen enthielt, sowie darüber hinaus Sammlungen von Apophthegmen (lakonisch-paradigmatischen Aussprüchen der Wüstenväter) und Reiseberichte mit Schilderungen des Mönchtums in Ägypten, Syrien und Palästina (Palladius' *Historia Lausiaca* oder die anonyme *Historia monachorum in Aegypto*). Hinzu kamen Sammlungen von Heiligen des Westens: Papst Gregor I. (590–604) verfasste vier Bücher «Dialoge» über die Heiligen Italiens, von denen das zweite Buch exklusiv Benedikt von Nursia, dem Begründer des benediktinischen Mönchtums, gewidmet war. Sein Namensvetter Gregor von Tours (gest. 594) kompilierte ein umfangreiches Sammelwerk, das frühchristliche Märtyrer (*Liber in gloria martyrum*) ebenso umfasste wie spätere gallische Heilige (*Liber in gloria confessorum*, *Liber vitae patrum*) und eine weitere Martinsvita (*Libri IV de virtutibus sancti Martini*). Hier treten im Gegensatz zu dem vorbildlichen Leben und den vollmächtigen Taten der Heiligen die *nach* ihrem Tod gewirkten Wunder in den Vordergrund. Gregor von Tours bezeugt damit eine Akzentverlagerung, die wesentlich mit dem Kult der Heiligen und ihrer Reliquien zusammenhängt.

«Kein Altar ohne Reliquien»

Die Verehrung von Märtyrern an ihren Gräbern ist bereits im 2. Jahrhundert für Polykarp von Smyrna bezeugt. Doch erlebte das liturgische Märtyrergedenken nach der Konstantinischen

Wende noch einmal einen Aufschwung. Das betrifft die hagiographische Literatur ebenso wie die Predigten zu Heiligengedenktagen, aber auch den Kirchenbau: Waren zuerst Kultstätten über den Gräbern errichtet worden – wie über den Gräbern von Petrus und Paulus in Rom, über denen Konstantin jeweils eine Basilika bauen ließ –, so begann man in der zweiten Hälfte des 4. Jahrhunderts, die Leiber der Verstorbenen in Kirchen zu überführen. Im Westen ist dies erstmals für das Jahr 386 bezeugt, als Bischof Ambrosius von Mailand die Gräber der Märtyrer Gervasius und Protasius öffnen und deren Überreste in die neu erbaute Basilica Ambrosiana bringen ließ. Bereits 357 hatte Kaiser Konstantius II. den Apostel Andreas sowie den Evangelisten Lukas nach Konstantinopel überführen lassen, und für den Kirchenhistoriker Sozomenos zeigte Gott sein Wohlgefallen an der Herrschaft Theodosius' II. (408–450), indem er «die heiligen Leiber vieler in alter Zeit für ihre Frömmigkeit berühmten Männer ans Tageslicht kommen ließ» (*Historia ecclesiastica* 9,16,3).

Mit diesen Translationen wurde in doppelter Hinsicht religiöses Neuland betreten: Nach antikem Verständnis waren Tote unrein und mussten, wenn sie nicht verbrannt wurden, außerhalb der Stadt begraben werden. Die Überführung von Leichen in Kirchen belegt dagegen, dass die verstorbenen Märtyrer in christlicher Sicht Haftpunkte des Heiligen in der Welt und daher gerade nicht unrein, sondern in besonderer Weise gereinigt, eben geheiligt waren. Nun ruhten die Heiligen in der Mitte der Gemeinde. In Gräbern oder Schreinen sollten sie unversehrt auf die leibliche Auferstehung warten, wie ja auch Christus nach drei Tagen dem Grab unverwest entstiegen sei (Laktanz, *Divinae Institutiones* 4,26,31). Der unzerstörte Leib (*corpus integrum*) wurde im Mittelalter zum Zeichen besonderer Heiligkeit. Bei Bischof Floridus von Perugia, der von den Goten enthauptet worden war, fand sich sogar der abgeschlagene Kopf ohne eine Spur der gewaltsamen Trennung an der richtigen Stelle (Gregor der Große, *Dialogi* 3,13,3). Aber auch eine fortwährende Trennung der Körperteile tangierte nicht notwendig den Ruf der Heiligkeit. In Rom stieß die Translation von heiligen Körpern an andere Orte lange auf Widerstand, gab es hier doch überall Kirchen an den Stätten von Martyrien. Erst 754 – und dann auf Betreiben der reliquienbegeisterten Franken – wurde der Leichnam der angeblichen Tochter des Petrus, Petronilla, in den Vatikan überführt. Später wurde auch in Rom die Praxis übernommen, die Körper von Heiligen aufzuteilen: Die Häupter der Apostel Petrus und Paulus werden seit dem 14. Jahrhundert nicht in ihren Basiliken, sondern im Lateran, dem «Haupt aller Kirchen» (*caput omnium ecclesiarum*), verehrt.

Das Ideal des *corpus integrum* hatte da schon längt eine einschneidende Veränderung erlebt: Durch die Translation war das Märtyrergedenken nicht mehr an den Sterbe- und Begräbnisort gebunden, und so regte sich der Wunsch, auch dort an der Heiligkeit zu partizipieren, wo keine Heiligen gelebt hatten. Die Heiligen galten als «unsichtbare Freunde» (Theodoret von Cyrus) oder als «Freunde des Herrn» (Gregor von Tours) – und auf deren Beistand wollte man nicht verzichten. Die Adlige Flora ließ ihren jugendlich verstorbenen Sohn Cynegius in Nola in der Basilika des Konfessors Felix begraben, in der Hoffnung, durch die Nähe zum Heiligen werde jener sicher durch das Jüngste Gericht geleitet, wie die Grabinschrift bezeugt. Seit dem 7. Jahrhundert pflegten angelsächsische Könige nach Rom zu pilgern, um in der «Nachbarschaft der Heiligen» (*ad sanctos*) zu sterben und begraben zu werden.

Überwiegend verlief der Transfer aber in umgekehrter Richtung. Reliquien wurden nicht nur vor Ort in Kirchen überführt, sondern in alle Gegenden der Welt geschickt; dabei bürgerte sich im Laufe des Mittelalters zunehmend die Praxis ein, die Leiber der Heiligen zu zerteilen. Das ging indes nicht ohne Widerstände vor sich: Noch Papst Gregor der Große (gest. 604) lehnte eine solche Zerstückelung vehement ab. Ein spektakuläres Beispiel für die Überführung ganzer Leiber sind die «heiligen drei Könige» (ursprünglich Magier, Matthäus 2,1–12), die 1164 von Mailand nach Köln kamen und dort im Dreikönigsschrein ihre letzte Ruhe fanden.

Im Frühmittelalter setzte sich der Grundsatz durch: «Kein Heiligenleib ohne Altar und kein Altar ohne Reliquien» (Arnold

Angenendt). Das aber hieß, dass man die vergleichsweise wenigen Heiligen auf möglichst viele Orte verteilen musste. Durch die Teilung und Versendung von Reliquien konnten in einer Kirche aber auch mehrere Heilige gleichzeitig präsent sein: Paulinus von Nola zählte für die Basilika in Fundi den Apostel Andreas, den Evangelisten Lukas sowie die Märtyrer Nazarius, Gervasius und Protasius auf und folgerte: «Hier beinhaltet ein Kästchen zugleich die gottergebene Schar und umfasst in seinem winzigen Schoß so bedeutende Namen» (*Epistula* 32,17). Nach Gaudentius von Brescia machten die in seiner Kirche versammelten Märtyrerreliquien den Raum und die Gemeinde zu einer «Ratsversammlung der Heiligen» (*Sermo* 17).

Dass eine solche Reliquienteilung überhaupt möglich war, begründete Bischof Victricius von Rouen in seinem Werk *De laude sanctorum*, einer regelrechten Theologie der Reliquien: «*Ubi est aliquid ibi totum est* – wo ein Teil ist, da ist das Ganze». Gottes Heiligkeit, die in einem Menschen erfahrbar wurde, durchwaltete nach dieser Vorstellung alle Bestandteile des Körpers. Beliebte, im Blick auf die Totenruhe unproblematische Reliquien waren Körperteile, die dem Heiligen schon zu Lebzeiten entfernt worden waren oder gar noch im Grab nachwuchsen, wie Fingernägel, Haare oder Zähne. Als verehrungswürdig galten zudem Dinge, die mit ihm in Berührung gekommen waren. Der Prototyp hierfür war das Kreuz Christi, von dem schon am Ende des 4. Jahrhunderts im Abendland zahllose Partikel im Umlauf waren. Der Legende nach fand die Kaiserinmutter Helena das Kreuz um 326 auf ihrer Pilgerreise ins Heilige Land. Ihr Sohn Konstantin ließ 335 eigens dafür eine Kirche in Jerusalem errichten, während Santa Croce in Gerusalemme in Rom zum Zentrum der Verehrung der Kreuzreliquien im Abendland wurde. Bei den Märtyrern hielten ebenfalls «Kontaktreliquien» – z. B. Folterwerkzeuge wie der Rost, auf dem Laurentius geröstet worden war – das Leiden materiell präsent.

Bei späteren Heiligen richtete sich die Verehrung oft danach, auf welche Weise sie zum Ruf der Heiligkeit gelangt waren. Nachdem Bischof Paulinus von Nola gestorben war, «wollten die, welche nicht seinen Körper sehen konnten, wenigstens seine

Briefe berühren – denn er war betörend und geistreich an Worten» (Uranius, *Epistula de obitu Paulini* 9). Das berühmteste Beispiel ist der halbe (geteilte) Mantel des Martin von Tours: Die heilige *cappa* wurde im 7. Jahrhundert zum transportablen Heiligtum der fränkischen Karolinger, das *ad adiutorium victoriae* («als Hilfsmittel für den Sieg», so Walafrid Strabo) sogar mit in die Schlacht geführt wurde. Für ihren Schatz engagierten die Könige eine Leibgarde aus hochrangigen Klerikern: die *capellani*, die die *cappa* unterwegs hüteten, in den Pfalzoratorien (*capella*) bewachten und nach dem Aufstieg der Karolinger zum Königtum (751/754) als «Hofkapelle» das zentrale Verwaltungsorgan im Frankenreich bildeten.

Halbgötter oder Hoffnungsträger?

Schon in der Spätantike gab es kritische Stimmen gegen den Kult der Heiligen und ihrer Reliquien. Der Spanier Vigilantius kritisierte um 404 nicht nur das um sich greifende Ideal asketischer Jungfräulichkeit, sondern auch den Märtyrerkult, wie aus Hieronymus' polemischer Entgegnung hervorgeht: Die Leiber der Heiligen seien «verehrungswürdige Knochen für uns, aber nur ein Haufen Staub für dich» (*Contra Vigilantium* 8). Kritik richtete sich gegen quasi-magische Praktiken des liturgischen Gedenkens. Optat von Mileve berichtet über die spanische Adlige Lucilla in Karthago, die einen Märtyrerknochen besaß und ihn vor dem Empfang der Eucharistie zu küssen pflegte (*Contra Parmenianum* 1,16) – ein Beispiel für das Phänomen der «Privatisierung des heiligen Körpers» (Peter Brown), d. h. für das Bestreben, dem Heiligen nicht nur im gemeinschaftlichen Gedenken, sondern auch ganz individuell nahe zu sein, das sich ebenso in der Bestattung *ad sanctos* ausdrückt.

Vergleichbare Kritik zogen die Totenmähler an den Märtyrergräbern auf sich, bei denen sich die ostentative soziale Schichtung beim Abendmahl in der Urgemeinde in Korinth (1. Korinther 11,17–22) zu wiederholen schien. Daneben traten Exzesse wie ungezügelter sexueller Verkehr während der Heiligenfeste: Theodoret von Cyrus hob hervor, ein späterer Heiliger sei als junger Mann keusch geblieben, *obwohl* er an solchen Gedenkfesten teilgenommen habe (*Historia religiosa* 20)! Andere Kritiker wählten den Modus der Satire: Für einen eifrigen Verehrer der Heiligen *und* der Frauen entpuppte sich die Dame, die er soeben kennengelernt hatte, als Dämon (*Miracula sanctae Theclae* 14). Doch die entscheidende Kritik ging über kultische Exzesse hinaus, die man noch mit primitiven religiösen Vorstellungen oder weiblicher Schwäche erklären mochte: Verwischte nicht die innige Verehrung der Märtyrer die besondere Stellung Christi? Vigilantius bemängelte, man feiere öfter Heiligengedenktage als Ostern (Hieronymus, *Contra Vigilantium* 9). Der Manichäer Faustus behauptete, die Heiligenfeste seien nichts anderes als eine Fortsetzung der heidnischen Opferkulte unter anderem Namen. Augustin reagierte prompt: Keineswegs würden die Märtyrer wie Götter verehrt, vielmehr «begeht das christliche Volk ihr Gedächtnis mit religiöser Feierlichkeit, damit es zur Nachahmung angespornt und mit ihren Verdiensten verbunden wird und durch ihre Gebete Hilfe erlangt» (*Contra Faustum* 20,21). Doch er selbst mahnte, die Differenz zwischen den Zeugen und dem, für den sie Zeugnis ablegten, zu beachten: «Für uns sind die Märtyrer keine Götter; wir kennen nur einen und denselben Gott, der sowohl unserer ist als auch der der Märtyrer» (*De civitate dei* 22,10). Noch kürzer fasste er es in einer Predigt: «Sie sind Märtyrer, aber sie waren Menschen!» (*Sermo Lambot* 26,2). Dass sie Zeugen Christi werden konnten, verdankten sie dem Heiligen Geist, «durch den sie mit jenem göttlichen Feuer entflammt waren» (*Tractatus in euangelium Johannis* 94,2).

Das Wirken Gottes in einzelnen Heiligen anzuerkennen und dennoch nicht ihnen, sondern Gott das Bewirken ihres vorbildlichen Lebens und Sterbens und ihrer Wunder zuzuschreiben, blieb eine Herausforderung für Theologen und Prediger. Denn die Hoffnung der Christen richtete sich ja auf die Nähe der Heiligen zu Gott und auf ihre Möglichkeit, für die Lebenden fürbittend einzutreten. Das führte in manchen Fällen zu Grenzverwischungen: Die Heiligen im Himmel durch Verehrung geneigt zu stimmen, machte diese selbst – nicht Christus! – zu gütigen

Richtern im Endgericht, so die Auffassung von Victricius von Rouen (*De laude sanctorum* 12). In dieser Hoffnungsperspektive der wirksamen Fürbitte bei Gott ist die Motivation der Heiligenverehrung zu finden:

Wie wenn der Körper noch lebte und blühte, so umfangen ihn die, die ihn sehen. Sie nähern sich ihm mit den Augen, mit dem Mund, mit den Ohren, mit allen Sinneswerkzeugen, vergießen dann über dem Märtyrer, als ob er sich noch in unverändertem Zustand zeigte, Tränen der Verehrung und des Schmerzes, flehen ihn an um seine Fürsprache, indem sie als zum Leibwächter Gottes zu ihm beten und ihn anrufen. (Gregor von Nyssa, *Encomium in sanctum Theodorum*)

Die Gräber der Heiligen waren Orte ihrer fortdauernden Präsenz auf Erden *und* im Himmel, wie es die Grabinschrift für Martin von Tours formuliert:

Hier liegt Bischof Martin seligen Angedenkens, dessen Seele in Gottes Hand ist [Weisheit Salomos 3,1], der aber ganz hier ist, gegenwärtig und offenbar durch Wunder jeder Art.

Durch diese hybride Existenz gelangten die Heiligen in gefährliche Nähe zu Christus als dem «Mittler zwischen Gott und den Menschen» (1. Timotheus 2,5). Und wie bei Christus sind es auch bei den Heiligen die Dämonen, die das Göttliche unter Schmerzen erkennen (müssen), das sie «in wunderhafter und erschreckender Weise» bekennen müssen (Augustin, *Epistula* 78,3). Hieronymus schildert die bedrohliche Präsenz der Heiligen: Nach schlechten Träumen oder bösen Gedanken zittere er regelrecht davor, deren Basiliken zu betreten (*Contra Vigilantium* 12). Die Heiligen waren mächtige Patrone, mit denen nicht zu spaßen war, die aber verlässlichen Schutz im Leben und Beistand vor Gott in Ewigkeit boten. Gerade deshalb wurden die Heiligen und ihre Verehrung für das Christentum der kommenden Jahrhunderte überlebenswichtig.

3. Wandlungen eines Ideals

Das Frühmittelalter

Die Geschichte der Heiligen und ihrer Verehrung im Mittelalter ist über weite Strecken mit der Frömmigkeitsgeschichte dieser Zeit identisch. Denn die Bezugnahme auf den Schutz und die Hilfe der Heiligen ist eine Konstante im mittelalterlichen Christentum, die sich in Schriften, Bauten, Kunst und Liturgie niedergeschlagen hat. Freilich spiegeln sich in dieser Kontinuität wiederum die Wandlungen, die das christliche Leben in dem Jahrtausend zwischen dem Zusammenbruch des römischen Reiches und dem Ende des *Corpus christianum* im 16. Jahrhundert durchlief. Aufgrund ihrer Fülle können die sich auf die Heiligen richtenden Frömmigkeitspraktiken hier nicht mit Anspruch auf Vollständigkeit behandelt werden. Vielmehr geht es im Folgenden darum, verschiedene Typen von Heiligen und Formen des Umgangs mit Heiligkeit zu skizzieren, die für das Mittelalter prägend wurden.

Sieht man für das Abendland den Beginn des Mittelalters mit dem Ende des römischen Reiches gekommen, so werden zugleich neue Kontexte für die Heiligen erkennbar: Der Kampf gegen Häresie trat ebenso in den Hintergrund wie die Abgrenzung gegen die städtische Kultur. Dafür spielte die Missionierung der germanischen «Barbaren» eine zentrale Rolle. Der im 5. Jahrhundert ausgebildete Typ des Bischofsheiligen, der zugleich auch ein gebildeter, kultivierter Römer war, wie z. B. die Bischöfe Honoratus (gest. 429) oder Hilarius (gest. 449) von Arles, konnte sich auf Dauer nicht gegen den wundertätigen Asketen vom Schlage eines Martin von Tours durchsetzen. Bei der Germanenmission waren nicht ziselierte Reden, sondern handfeste Machterweise Gottes überzeugend. Die Heiligkeit der Missionare und die Legitimation ihrer Tätigkeit durch Gott erwies sich schon darin, dass sie nicht – oder wenigstens nicht sofort – erschlagen wurden, wenn sie heidnische Heiligtümer zerstörten.

Die Ausgangssituation verschob sich zwischen dem 5. und 7. Jahrhundert von der Begegnung mit den einfallenden Germanenstämmen, die erst noch christianisiert werden mussten, zur Mission in den umliegenden Gebieten, in die nun besonders die Franken das Christentum hineintrugen und sie zugleich militärisch unterwarfen. Die Betonung der asketischen Qualifikation führte zum hagiographischen Motiv des Widerstandes gegen die Übernahme eines Bischofsamtes, so schon bei Martin von Tours, aber auch noch bei Bischof Wolfgang von Regensburg (972–994): Dieser habe durch seine Weihe das Kloster, nicht aber den Stand der Mönche verlassen (Otloh, *Vita Wolfkangi* 13). Im Unterschied zum byzantinischen Osten blieb aber im lateinischen Mittelalter der Asket stets Teilhaber und Mitgestalter des Weltgeschehens.

Charakteristisch für die Umbruchszeit sind die «Nothelfer», die während der Völkerwanderungszeit mit ihrer Person die Gegenwart Gottes verkörperten und fürbittend und tatkräftig Hoffnung spendeten. Der spätere Nationalheilige Österreichs, Severin von Noricum (gest. 482), wird in seiner 511 von Eugippius verfassten Vita als «Gottesmann», «heiliger Mann» und «Diener Gottes und Christi» tituliert. Auch Genovefa von Paris (gest. 502) galt als «Dienerin Gottes», und ihr eignete dasselbe Charisma wie den heiligen Männern: Als der von ihr persönlich angeregte Bau der Basilika des ersten Bischofs von Paris, Dionysius, ins Stocken kam, weil es den Arbeitern an Trinkwasser fehlte, betete Genovefa und schlug über dem Trinkbecher das Kreuz, worauf dieser sogleich mit Wasser gefüllt war (*Vita Genovefae* 21). Gleiches geschah mit dem Salbölgefäß, das sie zur Heilung von Besessenen benutzte. Sie leistete also konkrete Hilfe in bedrohlichen Situationen und ist insofern den politisch tätigen Bischöfen ihrer Zeit zur Seite zu stellen, ja mehr noch: Ihre Vita bringt mindestens implizit Kritik an Bischöfen zum Ausdruck, die in solchen Situationen gerade nicht mit gottgegebener Vollmacht auftraten.

Severin war ebenfalls kein Bischof, sondern ein Asket und

Charismatiker. Um 467 gründete er das Kloster Favianis (Mautern) und bereitete dort den Abzug der angestammten römischen Bevölkerung aus dem Ufernoricum (südlich der Donau zwischen Passau und Wien gelegen) nach Italien vor. Der Rückzug war von dem germanischen Machthaber Odoaker aus politischen Erwägungen angeordnet worden. Doch erhielt er durch das Wirken Severins heilsgeschichtlichen Sinn: Nicht ein Barbarenherrscher, sondern Gott, vermittelt durch seinen Heiligen, war für den Exodus der Christen in eine neue Heimat verantwortlich. Auch hier traten die geweihten Bischöfe gegenüber dem «Gottesmann» ins zweite Glied zurück.

Das bedeutet allerdings nicht, dass sämtliche Bischöfe in schwierigen Zeiten versagten: Caesarius von Arles (gest. 542) tat sich ebenso durch engagierte Predigten wie durch den Loskauf von Kriegsgefangenen hervor, womit er die Bedrückung der von den Germanen bedrohten Städte linderte. Er erntete jedoch Kritik, weil er auch «heidnische» Franken auslöste, die noch kurz zuvor Arles hatten erobern wollen, dann aber von den Ostgoten gefangengenommen worden waren. Für ihn war ein nicht getaufter Franke gleich einem römischen Gallier ein «vernunftbegabter Mensch und durch Christi Blut losgekauft». Er behielt die Franken auch nicht als Unfreie in seiner Gewalt, obwohl er das Recht dazu besessen hätte – das karitative Element verband sich also mit der Feindesliebe. Solche «Nothelfer» (die nicht mit den «Vierzehn Nothelfern» des Spätmittelalters zu verwechseln sind) boten Orientierung und tatkräftige Hilfe in einer Krisenzeit für die spätrömische Gesellschaft und Kirche.

Nicht nur christliche Römer, auch und gerade «heidnische» Germanen wurden durch das Auftreten der Heiligen erschüttert: Als Severin dem König der Alamannen, Gibuld, gegenübertrat, fing dieser heftig zu zittern an (Eugippius, *Vita Severini* 19,2). Caesarius, der einer Verschwörung gegen den Ostgotenkönig Theoderich angeklagt war, musste nur im Thronsaal dem König gegenübertreten, damit dieser seine Krone ablegte und den Bischof mit ausgesuchter Freundlichkeit empfing; später vertraute er seinem Gefolge an, er habe beim Nahen des Caesarius zu zittern begonnen (*Vita Caesarii* 1,36). Dass Theoderich ein kultivierter «Barbar» war, der mit den Päpsten auf gutem Fuß stand und Ravenna zu einem Glanzstück christlicher Kunst ausbaute, bleibt unerwähnt. Das Musterbeispiel der Hinwendung eines Barbarenkönigs zum Christentum wurde der Franke Chlodwig (466–511): Durch hartnäckiges Drängen seiner schon getauften burgundischen Gattin Chrodechilde vorbereitet, wandte er sich angesichts einer drohenden Niederlage gegen die Alemannen in der Schlacht von Zülpich (496) an den christlichen Gott, der sich prompt als Sieghelfer erwies. 498, nach zwei Jahren Bedenkzeit, ließ sich Chlodwig mit einem Großteil seines Gefolges durch Bischof Remigius von Reims taufen. Fortan bedurfte es keines Zitterns mehr, vielmehr wuchs im Merowingerreich schnell zusammen, was in der Sicht des Historikers Gregor von Tours (gest. 594) ohnehin zusammengehörte.

Die Bevölkerung aus Germanen und Romanen innerhalb des Reiches wurde unter Führung der Kirche schnell zu *einem* Volk (wobei für die nächsten Jahrhunderte die missionarische Nacharbeit, die «Christianisierung der Christen», zum Dauerthema geriet). Die Rezeption des christlichen Ideals der Heiligkeit wurde besonders für den fränkischen Adel prägend, der rasch die Heiligen als prestigeträchtige Familienmitglieder entdeckte. Bereits im spätantiken Rom hatte Hieronymus weltlichen Adel mit der Hinwendung zu Christus in Formeln wie *nobilis in mundo, nobilior in Christo* (adlig in der Welt, noch adliger in Christus) in Verbindung gebracht. Der Akzent lag auf dem neu erworbenen, geistlichen Adel, ohne dass der weltliche Adel verschwiegen werden sollte.

Für die Hagiographie der Merowingerzeit wurde nun in umgekehrter Weise das Modell des «Adelsheiligen» typisch: «Vornehme Geburt ist eine nahezu unerlässliche Voraussetzung für Heiligkeit.» (Arnold Angenendt) Im Mittelalter rekrutierten sich Heilige meist – wenn auch nicht ausschließlich – aus der Nobilität. So wurde der Stammvater der Karolinger, Bischof Arnulf von Metz (gest. 640), vom Hofbeamten und Heerführer zum Inbegriff bischöflicher Demut. Der Bischof zeigte Heiligkeit vor allem als Prediger sowie durch Mildtätigkeit gegenüber den Armen. Arnulf blieb auch dann noch ein «Freund der Armen», als er das Bischofsamt aufgab und in den Vogesen als Einsiedler lebte. Durch die Heilungen, die nach der Translation seiner Gebeine nach Metz geschahen, wurde er postum erneut als Bischof inthronisiert, behielt also diese Würde neben dem asketischen Charisma.

Heilige wie Arnulf zeichneten ihr Geschlecht in besonderer Weise aus: Als die Karolinger in der Mitte des 8. Jahrhunderts die Merowinger als Könige des Frankenreiches ablösten, bezogen sie ihre Legitimation aus der Zustimmung der Adligen und der Salbung durch Papst Stephan I., waren aber darüber hinaus darauf bedacht, die sakrale Würdigkeit ihrer Ahnen, des Bischofs Arnulf und der Asketin Gertrud (gest. 653/59) herauszustellen, die als Tochter des Hausmeiers Pippin des Älteren das Kloster von Nivelles geleitet hatte. Pippin der Jüngere und seine Söhne waren in dieser Sicht nicht nur in der Gegenwart das mächtigste, sondern seit jeher das «heiligste» Geschlecht im Frankenreich und somit autorisiert, den angesichts der Machtlosigkeit der Merowinger faktisch vakanten Thron zu besteigen. Hierin lebte die alte germanische Vorstellung einer «Geblütsheiligkeit» fort, die den Anspruch auf Herrschaft durch Rekurs auf den «Spitzenahn», einen Abkömmling der Götter, begründet hatte. Mythische Gottheiten waren freilich für christliche Könige keine salonfähigen Vorfahren; stattdessen konnten Heilige ihren Platz einnehmen, und zwar sowohl kinderlose Asketinnen als auch kinderreiche Bischöfe, wie die Beispiele von Gertrud und Arnulf zeigen.

Heilige Könige und Bischöfe

Eine besondere Sakralität wurde Königen zugeschrieben, die nicht nur die weltliche, sondern auch die geistliche Verantwortung für ihr Volk trugen und entsprechend ihren alttestamentlichen Vorbildern David, Salomo oder Josia als «König und Priester» galten. Eine solche Rolle nahmen im Frühmittelalter Karl der Große (768–814) und Ludwig der Fromme (813–840) ein, für die die Reform der Kirche, des Klosterwesens und der geistlichen Bildung der Bevölkerung in ihrem Reich eine natürliche Aufgabe des Herrschers war. In vergleichbarer Weise wirkte im frühen 11. Jahrhundert Kaiser Heinrich II. (1002–1024) als Lenker des römischen Reiches und auch der römischen Kirche, deren Erscheinungsbild er zu reformieren trachtete, was am Ausgang des «dunklen Jahrhunderts» des Papsttums einer Sisyphusaufgabe gleichkam. An Heinrich wird deutlich, wie eng bei einem König jener Zeit «politisches Finassieren und echte Frömmigkeit» (Friedrich Prinz) miteinander verwoben waren: Als ihm und seiner Gemahlin Kunigunde der Wunsch nach Kindern versagt blieb, beschloss Heinrich, stattdessen mit seinen Erbgütern in Bamberg ein neues Bistum zu gründen – was nur gegen den erbitterten Widerstand des benachbarten Würzburger Bischofs durchzusetzen war, der hinter dem frommen Vorhaben klar die drohende Verschiebung in der kirchlichen Autoritätsstruktur erkannte. Engagement für die Kirche und Regiment über die Kirche gingen Hand in Hand. Bemerkenswert ist indes, dass Heinrich schon bald nach seinem Tod im Ruf der Heiligkeit stand, obwohl seine Zeitgenossen erkannten, dass er seine politischen Ziele konsequent, ja rücksichtslos durchsetzte. Die formelle Heiligsprechung, die 1146 erfolgte, verzerrt das Bild, indem sie Heinrich in ein verändertes Verständnis von Heiligkeit einpasst, das das neue Selbstbewusstsein der Kurie seit den Reformpäpsten Leo IX. (1049–1054) und Gregor VII. (1073–1085) und deren Ziel einer Desakralisierung weltlicher Herrschaft spiegelt: Nicht mehr der Bistumsgründer, sondern der keusche, ja asketische Ehemann steht jetzt im Blickpunkt; und nur diese «Josefsehe» vermochte seine Gattin Kunigunde für die Heiligsprechung im Jahr 1200 zu qualifizieren. Der Legende nach wurde sie des Ehebruchs angeklagt und musste zum Beweis ihrer Unschuld über glühende Kohlen laufen – wobei sich auf wunderbare Weise nicht nur die eheliche Treue, sondern zugleich auch ihre Jungfräulichkeit erwies! Dagegen beeinträchtigen um 1000 die Ambivalenzen im Bild eines frommen und zugleich durchsetzungsstarken Königs durchaus nicht den Ruf seiner Heiligkeit.

Das gilt gleichermaßen für die Bischöfe jener Zeit: Heribert von Köln (970–1021) war in Personalunion Kanzler des Heiligen Römischen Reiches und enger Vertrauter Ottos III. Als dieser 1002 nahe bei Viterbo starb, brachte Heribert seinen Leichnam mit militärischer Unterstützung nach Aachen, musste allerdings die Reichsinsignien und die heilige Lanze an den Bayernherzog und nachmaligen König Heinrich (II.) ausliefern. Heribert beschloss sein Leben in der Benediktinerabtei Deutz; er wurde wohl in der Mitte des 11. Jahrhunderts kanonisiert. Sein späterer Nachfolger Anno (1010–1075), seit 1056 Erzbischof von Köln, griff aktiv in die Reichspolitik ein, als er 1062 den noch unmündigen Thronfolger Heinrich (IV.) in seine Gewalt brachte, um Druck auf die Kaiserin Agnes auszuüben. Die Regentschaft musste er schon bald an Bischof Adalbert von Bremen abgeben, doch blieb Anno eine der bestimmenden Figuren der Politik, auch in seinem eigenen Erzbistum, wo er 1074 einen Bürgeraufstand gewaltsam beenden ließ. 1075 starb er in dem von ihm gegründeten Kloster Siegburg; dort entstand um 1080 das «Annolied», das sein Wirken in den Kontext der Weltgeschichte stellte. 1183 wurde Anno heiliggesprochen. Der in diesem Zusammenhang von Nikolaus von Verdun angefertigte Schrein bezeugt die ihm postum entgegengebrachte Verehrung, die die zu Lebzeiten geäußerte Kritik verdrängte.

Das frühe 11. Jahrhundert kannte noch weitere «heilige» Könige. Neben Heinrich II. und Robert dem Frommen von Frankreich ist Stephan I. von Ungarn (969–1038), der Schwager Heinrichs, zu nennen. Er war bereits als Kind getauft worden und förderte nach seiner Thronbesteigung 997 die Christianisierung Ungarns, indem er Missionare ins Land holte und Klöster sowie Bistümer errichtete. Von Papst Silvester II. stammte die Krone, mit der Stephan am 25. Dezember 1000 – auf den Tag genau zweihundert Jahre nach Karl dem Großen – zum ersten christlichen König von Ungarn gekrönt wurde. 1083 wurde er von Gregor VII. auf Betreiben des nachmals ebenfalls heiligen Königs Ladislaus I. (1040–1095) kanonisiert. Stephan zählt zu den Königen, deren Heiligkeit sich darin erwies, dass sie ein ganzes Land für das Christentum gewannen: Wie Ungarn durch Stephan, so wurde Burgund durch Sigismund (gest. 523), das Frankenreich (endgültig) durch Guntram (gest. 593) und Dagobert II. (652–679), England durch Oswald (gest. 641) und Edwin (gest. 632) christlich bzw. katholisch im Sinne der altkirchlichen ökumenischen Konzile. Dagobert wurde darüber hinaus als Märtyrer verehrt: Als noch unmündigen Thronfolger verbannte ihn der Hausmeier Austrasiens, Grimoald, nach Irland, bis ihn der Missionsbischof Wilfried von York zurückholte und 676 krönen ließ; doch wurde der König Ende 679 von Schergen des neustrischen Hausmeiers Eboin erschlagen. Was auf den ersten Blick als Kabale mittelalterlicher Politik erscheint, wurde durch die baldige Verehrung des Getöteten zur Heiligenbiographie. Solch ein unzeitiger und grausamer Tod zerstreute die vielfach geäußerten Zweifel, ob Herrscher überhaupt ein heiligmäßiges Leben führen konnten, war ein Leben in Demut und Bedürfnislosigkeit für sie tatsächlich doch kaum realisierbar. Die Päpste waren dagegen erst bereit, Heiligkeit bei Herrschern formell anzuerkennen, als die Zuordnung von geistlicher und weltlicher Machtsphäre geklärt war: Erst dann kam es zur formellen Heiligsprechung von Königen wie Stephan (1083) und Heinrich II. (1146) oder, erheblich später, Ludwig IX. von Frankreich (1297).

Einen Sonderfall stellt Karl der Große dar. Seine Bedeutung für die Kirche im Frankenreich stand schon für die Zeitgenossen außer Frage. Die Öffnung seines Grabes durch Otto III. im Jahr 1000 erbrachte zudem einen schlagenden Beleg für die Heiligkeit Karls: die Unverwestheit seines Körpers (lediglich die Nasenspitze fehlte und wurde umgehend durch ein goldenes Replikat ersetzt). Doch als Kaiser Friedrich I. Barbarossa seinen berühmten Vorgänger 1165 durch Papst Paschalis III. heilig sprechen ließ, stellte sich heraus, dass er auf das falsche Pferd gesetzt hatte: Aus einem jahrzehntelangen Papstschisma in Rom ging ausgerechnet sein Erzfeind, Alexander III., als Sieger hervor, der Karls Kanonisation stets abgelehnt hatte und sie nun formell für ungültig erklärte. Erst später, beschränkt auf die Stadt Aachen und das Bistum Osnabrück, wurde das liturgische Gedenken des «seligen» Karl gestattet; in Aachen ist dieses bis heute eine feste Tradition, in Osnabrück wurde es 1972 offiziell beendet, 2008 aber mit päpstlichem Segen wieder aufgenommen. Die Heiligsprechung eines früheren Herrschers konnte also aus handfesten politischen Motiven – in diesem Fall der Legitimation der staufischen Kaiser durch den Rekurs auf ihren heiligen karolingischen Vorgänger – betrieben werden und aus denselben Gründen scheitern.

Die Missionare: Columban und Bonifatius

Zu den neuen Heiligen des Frühmittelalters gehörten nicht nur Könige und Bischöfe, sondern auch die Missionare der Germanenvölker. Die Annahme des katholischen Christentums durch Chlodwig um 500 führte zunächst nur zu einer oberflächlichen Christianisierung der Bevölkerung, zumal zentrale Lebensbereiche wie das Rechtswesen, die Eheschließung oder die Sklaverei ausgespart blieben. Die Kehrseite der erwähnten «Adelsheiligkeit» war in vielen Fällen die Ernennung von Bischöfen oder Äbten *ohne* Heiligkeit, aber mit guten Beziehungen. Irritierend wirkte das Aufleben des Typus des Gottesmannes durch Mönche, die aus Irland kamen, auf dem Kontinent Klöster gründeten und allein durch ihr Charisma, ohne formelle Autorisierung, christliche Existenz vorlebten und Hoffnungen auf das ewige Heil weckten. Das irische Mönchtum war durch strikte Askese und rigorose Strafen bei Verstößen gegen dieses Ideal geprägt. Die härteste Bußstrafe war der Ausschluss aus der Gemeinschaft des Klosters; die Heimat- und Schutzlosigkeit freiwillig auf sich zu nehmen, galt als radikaler Ausdruck asketischen Eifers. Diese Wanderschaft (*peregrinatio*) führte Columban den Älteren (gest. 597) nach Schottland, wo er das Inselkloster Iona gründete, das zur Keimzelle der Mission in England wurde. Columban der Jüngere (gest. 615) setzte auf den Kontinent über und gründete in den Vogesen die Klöster Annegrey, Luxeuil und Fontaines. Die fränkischen Bischöfe beäugten den irischen Gottesmann argwöhnisch. Als er in Konflikt mit der Burgunderkönigin Brunichilde geriet, wies diese ihn aus; doch das Schiff, das ihn nach Irland bringen sollte, wurde an Land zurückgetrieben, was Columban als Gottesurteil auffasste. Mit

Unterstützung des austrasischen Königshofes in Metz wandte er sich der Mission unter den Alemannen zu und zog schließlich über die Alpen bis nach Bobbio, wo er in dem von ihm gegründeten Kloster starb.

Columban propagierte und lebte das Leitbild des monastischen Märtyrers, der keinen leiblichen Tod erleidet, aber durch asketischen Gehorsam und Kreuztragen die *imitatio Christi* vollzieht. Als «Mann Gottes, ausgezeichnet durch Glaube und Gebet» wurde er in der von seinem Nachfolger Jonas von Bobbio verfassten Vita gepriesen. Trotz der Verurteilung des Semipelagianismus – d. h. des Gedankens einer aktiven Mitwirkung am Heil – auf der Synode von Orange (529) stand hier die Vorstellung im Raum, dass Gott seine Gnade «nicht unverdient» gibt (*Vita Columbani* 1,9): Der Heilige muss sich als solcher qualifizieren und dafür sorgen, dass er diese *virtus* bewahrt; schon Martin von Tours hatte darunter gelitten, dass er trotz seines Bemühens, in beständigem Gebet zu verharren (*Vita Martini* 26,2), oft lange auf die Einlösung seiner Gebete warten musste.

Trotz aller Konflikte, die die Iren mit Adel und Episkopat ausfochten, war der neustrische Hof unter Chlothar II. (584–629) und Dagobert I. (629–638) an der Ausbreitung columbanischer («irofränkischer») Klöster maßgeblich beteiligt, wodurch das gallische Kernland des Merowingerreiches mit einem Netz an neuen Klöstern überzogen wurde. Der angelsächsische Heilige, wie er uns in Willibrord (658–739) und Bonifatius (Winfried, 682/685–754) begegnet, war zwar auch ein Gottesmann, aber im Unterschied zu den Iren ein in Rom geweihter und der römischen Tradition verpflichteter Bischof. Wunder und vollmächtige Predigt erfolgten im Auftrag der karolingischen Hausmeier und zugleich mit päpstlicher Autorisierung. Beide begannen ihre Missionstätigkeit bei den Friesen, wo Amandus (gest. 676), der «Apostel Belgiens», Vorarbeiten geleistet hatte, die politische Herrschaft der Franken aber noch gefestigt werden musste. Willibrord, dessen Mission durch die Hausmeier Pippin den Mittleren (gest. 714) und Karl Martell (gest. 741) unterstützt wurde, war 695 von Papst Sergius I. zum Missionserzbischof für die erst noch zu errichtenden (!) Diözesen gewählt worden. Er installierte im friesischen Utrecht seinen Bischofssitz, seine bedeutendste Gründung wurde aber sein Familienkloster Echternach. Willibrord vereinte die Funktionen eines Erzbischofs, Abtes und Missionars auf sich und führte damit neben dem Reichsepiskopat und den an kirchlichen Ämtern wenig interessierten irischen Mönchen einen neuen Typ von Kirchenfunktionär ein, der den karolingischen Hausmeiern als verlängerter Arm in seiner Diözese diente.

Gleiches gilt in vieler Hinsicht für Bonifatius. Auch er missionierte mit römischer Autorisierung, aber wenig Erfolg bei den Friesen, später – mit mehr Erfolg – in Sachsen, Thüringen, Franken und Bayern. Bistümer wie Büraburg, Erfurt (beide allerdings noch im 8. Jahrhundert aufgehoben), Würzburg und Eichstätt sowie Klöster wie Fulda und Ohrdruf gehen auf seine Gründungsinitiative zurück. Seine Vita bezeugt die Anstrengungen zur Reform des Episkopats, bei der ihm wenig Erfolg beschieden war, weil die Bischöfe des fränkischen Kernlandes sich von einem «Ausländer» nicht an die Kandare nehmen lassen wollten. Sie dokumentiert aber vor allem seine missionarischen Anstrengungen unter den «Heiden», die heilige Bäume und Haine verehrten. Typisch dafür ist die Erzählung, wie Bonifatius die Donareiche im nordhessischen Geismar fällte und aus deren Holz die erste Kirche in Fritzlar erbaute (Willibald, *Vita Bonifatii* 6), woraufhin sich die Heiden zum Christentum bekehrten.

Der bleibende Ruhm des Bonifatius gründete also nur mittelbar in der (Re-)Organisation der fränkischen Kirchenstruktur, in erster Linie dagegen in seinem Kampf gegen heidnische Bräuche und in seinem Ende: Von Querelen mit bischöflichen Konkurrenten enttäuscht und von Pippin dem Jüngeren nur mehr halbherzig unterstützt, brach Bonifatius 754 zu einer Missionsreise zu den Friesen auf. Am 5. Juni wurde er bei Dokkum mit 52 Gefährten erschlagen (*Vita Bonifatii* 8). Der Legende nach soll Bonifatius sich mit einem Buch geschützt haben; in Fulda wird bis heute der Codex Ragyntrudis gezeigt, der tatsächlich Hiebspuren eines Schwertes aufweist. Unmittelbar nach seinem

Tod setzte eine breite Verehrung ein, die durch Willibalds Vita in offizielle Bahnen gelenkt wurde, indem sie den Toten der Nachwelt als «Fürsprecher in alle Ewigkeit» anempfahl.

An Leben und Sterben des Bonifatius wird deutlich, dass sich im Mittelalter neue Gelegenheiten boten, das Glaubens- als Blutzeugnis abzulegen. Ein anderes Konfliktfeld war die Begegnung mit dem Islam. In Spanien, das die Muslime 711 erobert hatten, kam es um 850 in Cordoba zu Martyrien, deren Hintergründe im Streit über die Integration der Christen in die islamische Umwelt zu suchen sind: Das geruhsame Leben in «ungläubiger» Umgebung wurde in manchen Kreisen als zu weitgehende Assimilation empfunden, und einzelne Christen sahen sich zum Protest aufgerufen, wogegen die Obrigkeit mit Härte vorging. Weiterhin wurden im militärischen Kampf gegen die «Ungläubigen» gefallene Soldaten landläufig oft als Märtyrer bezeichnet, obwohl die Päpste z. B. für die Kreuzfahrer den Begriff bewusst vermieden. Zwar rief Urban II. 1095 in seinen Kreuzzugspredigten die abendländischen Ritter dazu auf, «im Namen Christi vieles zu erleiden: Elend, Armut, Nacktheit, Verfolgung, Not, Krankheit, Hunger und anderes» – was sehr an das «unblutige Martyrium» des Martin von Tours erinnert. Auch wurde den Kreuzfahrern ein Ablass versprochen, der sie in denselben Gnadenstand versetzte wie die Märtyrer: Wer im Kampf gegen die «Ungläubigen» starb, gelangte sofort ins Paradies und vermied so das Fegefeuer. Doch den *Begriff* des Märtyrers für Soldaten vermied Urban – zu sehr war selbst ein Krieg im Namen des Glaubens mit politischen Zielen und brutaler Gewalt verwoben und konnte kaum als heiligmäßiges Unterfangen vonstatten gehen.

Solche Zurückhaltung ließen indes nicht alle Theologen walten. Der Zisterzienserabt Bernhard von Clairvaux (1090–1153), dessen Predigten maßgeblich zum Zustandekommen des zweiten Kreuzzugs (1147/1148) beitrugen, begann seine Werbeschrift für den neu gegründeten Templerorden mit einer rundheraus positiven Zuordnung von Ritter- und Märtyrertum:

Wie glorreich kehren die Sieger aus dem Gefecht zurück! Und wie selig sterben die Märtyrer im Kampf! Freue dich, tapferer Athlet, wenn du im Herrn lebst und siegst; aber mehr noch frohlocke und rühme, wenn du stirbst und zum Herrn gelangst. Das Leben ist fruchtbringend und ruhmreich der Sieg; aber beidem wird mit Recht ein seliges Sterben vorgezogen. Denn wenn ‹selig sind, die im Herrn sterben› [Offenbarung 14,13], werden das nicht umso mehr die sein, die für den Herrn sterben? (*De laude novae militiae* 1,1)

Das Martyrium blieb also auch nach dem Ende der Christenverfolgungen durch römische Kaiser eine Möglichkeit, Heiligkeit darzustellen. In den Heiligen des Mittelalters verbinden sich allerdings oft ganz unterschiedliche Zeichen der Gottesnähe. Bei Bonifatius steht der «klassische» Gottesmann neben dem Missionar in römischen und fränkischen Diensten und dem Märtyrer. Das erklärt die überragende Bedeutung und Nachwirkung seiner Gestalt, die sich sogar noch in protestantischen Martyrologien der Neuzeit niederschlug, während er im 19. Jahrhundert als (römisch-katholischer) «Apostel der Deutschen» neu entdeckt wurde, als Gegenbild zu Martin Luther als dem Reformator und prototypischen (protestantischen) Deutschen. Zugleich wird erkennbar, dass Heiligkeit im Frühmittelalter ein grenzüberschreitendes Phänomen war: Bonifatius war Angelsachse und missionierte in römischem Auftrag im Frankenreich. Das ging, wie gesehen, nicht ohne Konflikte ab, sowohl mit den Auftraggebern als auch mit den Adressaten der Mission.

Ein ähnliches Schicksal ereilte zwei Jahrhunderte später den gleichermaßen mobilen und von mehreren nationalen Traditionen beanspruchten Adalbert von Prag (gest. 997): Dieser böhmische Fürstensohn wurde 981 zum Bischof von Prag geweiht, legte allerdings ein bemerkenswertes Talent an den Tag, es sich mit Klerus und Gemeinde zu verderben, und zog sich zwischenzeitlich in ein Kloster in Rom zurück. 992 tauchte er wieder in Prag auf und ging zwei Jahre später auf Missionsreise zu den Ungarn sowie an die Ostsee, wo ihn die Prussen am Frischen Haff erschlugen. Erfolgreich war Adalbert erst nach seinem Tod: Sein Leichnam wurde zunächst nach Gnesen, 1039 dann nach Prag überführt. Der junge Kaiser Otto III. förderte seine

Verehrung maßgeblich. Schon 999 sprach ihn Papst Silvester II. als Märtyrer heilig. Tschechen, Polen, Russen und Deutsche berufen sich heute auf Adalbert, der daher als früher «europäischer» Heiliger gelten darf.

Im 11. Jahrhundert traten also noch einmal die verschiedenen Typen von Heiligen des Frühmittelalters – Könige, Bischöfe, Missionare – als Ensemble auf. Hinzu kamen schließlich die Einsiedler, die in der westlichen Kirche keine so dominante Rolle wie im Osten spielten, von denen aber wichtige Einflüsse auf die Reform von Mönchtum und Frömmigkeit ausgingen, die meist mit der Gründung neuer Klöster und Klostergemeinschaften endeten. Um 1000 entstanden in Italien neue Einsiedlergemeinschaften, zunächst im griechisch beeinflussten Süden durch Nilus von Rossano, dann in der Toskana durch Romuald von Ravenna (gest. 1027). Seine Biographie zeigt das Ineinander von eremitischer und monastischer Existenz: Geschockt durch das Miterleben eines Duells, in dem sein Vater einen Verwandten tötete, trat Romuald als Zwanzigjähriger in das Kloster S. Apollinare in Classe ein, wo ihm der Hausheilige in einer Vision persönlich erschien. Dadurch angespornt, suchte der junge Mann größere Entbehrung, als sie ihm das Kloster bieten konnte, sodass er sich zu einem Leben als Eremit entschloss. 978 gründete er mit dem ehemaligen Dogen von Venedig, Pietro Orseolo (928–987, heilig 1731), die Einsiedelei St. Michel de Cuxa in den Pyrenäen, kehrte aber um 988 nach Italien zurück. Einer kurzen Episode als Abt von S. Apollinare folgte ein Wanderleben, das zur Gründung weiterer Eremitenkolonien führte, deren bedeutendste in Camaldoli (nahe Arezzo) entstand. Bischöfe, Päpste und Kaiser förderten diese Kongregation, in der strenge individuelle Askese mit den praktischen Vorzügen des Gemeinschaftslebens verbunden wurde. Romuald selbst wurde schon 1032 von Papst Benedikt IX. heiliggesprochen. In dieser monastischen Bewegung kündigte sich erneut eine Transformation des Heiligenideals im Mittelalter an.

4. Neue Heilige

Der Mystiker und Kirchenreformer: Bernhard von Clairvaux

Im 12. und 13. Jahrhundert durchlief die abendländische Kirche nach einem halben Jahrtausend, das weithin von Kontinuität geprägt war, eine rasante Veränderung. Das betraf sowohl das Verhältnis von Kirche und Staat als auch die innerkirchliche Autorität, das ekklesiologische Leitbild ebenso wie die Sozialgestalt der Kirche. Der Aufstieg der Städte rief nach neuen Formen von Seelsorge und Predigt, die Entstehung von Universitäten erforderte eine neue, akademische Gestalt des theologischen Denkens. Diese Transformationsprozesse führten auch zu einem Wandel des Heiligenideals, in dem sich die Herausforderungen für die Kirche und die Versuche, diesen zu begegnen, spiegeln. Zugleich wurde in dieser Zeit erstmals eine zentrale Steuerung der Heiligenverehrung durch das Papsttum gefordert und schließlich durchgesetzt: Die erste von einem Papst förmlich vollzogene Kanonisation erfuhr 993 Ulrich von Augsburg durch Papst Johannes XV. Gregor IX. definierte 1234 die Heiligsprechung endgültig als ein Verfahren, das an der Kurie geführt wurde und einem Prozess gleichkam. Eine vermehrt zentralistisch gelenkte Kirche erwählte sich statt spirituellen Individualisten und machtbewussten Ortsbischöfen vornehmlich Vertreter der «Gruppe der asketisch herausragend fromm oder freiwillig arm lebenden Glaubenszeugen» (Markus Ries) als Leitbilder, unter denen auch Frauen eine wichtige Rolle spielten. Heiligkeit wurde zunehmend an die Zugehörigkeit zu einem Orden gebunden, worin sich wiederum der monastische Aufbruch im Hochmittelalter niederschlägt.

Das 12. Jahrhundert war bestimmt von Neuaufbrüchen innerhalb des Benediktinerordens, unter denen besonders die Zisterzienser zu nennen sind. Im Blick auf diesen Orden, dem er selbst angehörte, pries Bischof Otto von Freising um 1145 in seiner Weltchronik die Heiligen als «wahre Bürger der Gottesstadt», die durch Verdienste und Fürbitte Kirche und Welt am Leben erhielten. Die zentrale Figur war Bernhard von Clairvaux, der sich selbst als «die Chimäre meines Jahrhunderts» bezeichnete und den Abt Isaak von Stella als «allen schrecklich aus Liebe und lieb aus Schrecken» beschrieb (*Sermo* 52,15). Aus einer ritterlichen Familie stammend, trat er 1112 in das erst wenige Jahre zuvor gegründete Kloster Cîteaux ein und wurde 1115 Gründungsabt von Clairvaux. In kurzer Zeit avancierte er zur beherrschenden Gestalt des Zisterzienserordens und – da der Orden zunehmend Kardinäle und Bischöfe und mit Eugen III. (1145–1153) sogar einen Papst stellte – zur Hauptfigur auf der kirchlichen und politischen Bühne Europas.

Paradox genug, vereinte Bernhard in sich tatkräftiges Wirken in der Welt (obwohl er kein Bischof war) und mystisch-kontemplative Theologie (obwohl er kein Eremit war). Er griff in das 1130 entstandene Papstschisma zu Gunsten von Innozenz II., dem Kandidaten der Reformorden, ein und warb beim deutschen König Konrad III. erfolgreich für neue Kreuzzüge – nicht nur ins Heilige Land, sondern auch gegen die slawischen «Heiden» östlich der Elbe. Auch für heftige Attacken auf die Vertreter einer schulmäßigen («scholastischen») Theologie ist Bernhard bekannt: Vor allem Petrus Abaelard (1079–1142) wurde zur Zielscheibe der Kritik, weil er eine rationale Methode für das Sprechen über Gott und den Glauben forderte. Das war für Bernhard ein klarer Irrweg: «Im Gebet wird Gott wohl würdiger gesucht und leichter gefunden als in der Disputation» (*De consideratione* 5,14,32). Auf Dauer konnte er die Herausbildung einer rational verfahrenden Theologie freilich nicht aufhalten; und es ist eine Ironie der Geschichte, dass ausgerechnet ein Protégé Bernhards, Petrus Lombardus (gest. 1160), mit Abaelards dialektischer Methode ein Kompendium von Vätersprüchen erstellte (die vier «Sentenzenbücher»), das bis zu Luthers Zeiten unangefochten *das* Lehrbuch der Dogmatik blieb.

Bernhard starb 1153, wurde bereits 1173 heilig gesprochen und 1830 sogar zum Kirchenlehrer erhoben. Was macht einen derart widersprüchlichen Menschen zu einem Heiligen? Die Zeitgenossen betrachteten sowohl seine Fehde mit Abaelard als auch den (im Desaster endenden) zweiten Kreuzzug mit gemischten Gefühlen. Was sie aber zuerst sahen, war Bernhard als Prediger (*doctor mellifluus* – «honigfließender Lehrer»), als Mystiker und Kirchenreformer, in dem die Hoffnungen und Bedürfnisse seiner Zeit zum Ausdruck kamen: Als Mönch eines radikalen Reformordens verkörperte er Armut, Demut und Askese, die man in der institutionalisierten Kirche oft nicht zu erkennen vermochte. Als Papst Alexander III. (1159–1181), ein Kirchenjurist auf dem Thron Petri, den Zisterzienserabt heilig sprach, kanonisierte er in einer Zeit wachsender sozialer Spannungen und machtpolitischer Kontroversen zwischen Kirche und Staat gezielt einen populären Repräsentanten gelebter Frömmigkeit.

Bernhard selbst hatte erklärt: «Die Wunder erweisen die Heiligkeit» (*In natali sancti Benedicti* 7). Pointiert ausgedrückt, sah das Kirchenvolk «in der Gestalt des Heiligen einen in Kirchengewänder gekleideten und vom Heiligenschein gekrönten Magier» (Aaron J. Gurjewitsch). Jedenfalls war Bernhards Weg gesäumt von öffentlichen Heilungswundern, womit er z. B. beim Reichstag von Frankfurt 1143 den Aufruf zum Wendenkreuzzug eindrucksvoll untermauerte. Allerdings schrieb Bernhard solche Wunder selbstverständlich nicht den eigenen asketischen Vorleistungen, sondern dem Wirken des Heiligen Geistes zu und sah ihr Ziel nicht in der Bewunderung des Wundertäters, sondern in der Hilfe für den Nächsten.

Dies brachte eine Ethisierung der göttlichen *virtus* und eine Relativierung der Bewunderung für den einzelnen Heiligen mit sich – in der Theorie. In der Praxis wurde Bernhard hingegen schon zu Lebzeiten aufgrund seiner Wunder als Heiliger angesehen. Nach seinem Tod regte sich daher unter den Gläubigen ein starkes Bedürfnis nach Reliquien. Um der Leichenfledderei zu wehren, verbot der Abt von Cîteaux dem Leichnam streng, Wunder zu wirken! Die Totenruhe des geschworenen Feindes einer rationalen Theologie wurde ausgerechnet in der Französischen Revolution gestört, die sich auf die reine Vernunft berief: Beim Versuch, aus dem gestürmten Kloster Clairvaux seine Gebeine zu retten, gerieten sie mit den Reliquien seines Freundes, Malachias von Armagh (gest. 1148 in Clairvaux), durcheinander. Dieser Ire, erst Mönch, dann Bischof, Klostergründer und Kirchenreformer in päpstlichem Auftrag und in Bernhards Nachfolge, wurde bereits 1190 heiliggesprochen. Sein Beispiel zeigt, wie Bernhard seine Zeitgenossen zutiefst beeindruckte und damit für die Ausbreitung des zisterziensischen Mönchtums sorgte. Doch konnte seine Heiligsprechung nicht verhindern, dass der Orden in den folgenden Jahrzehnten immer weniger durch Armut und immer mehr durch ökonomischen Erfolg von sich reden machte.

Der Bettelmönch: Franz von Assisi

In Abgrenzung dazu entstand um die Wende zum 13. Jahrhundert eine neue monastische Reformbewegung, die das Leitbild des Heiligen in Richtung des armen, demütigen, aber der Kirche gehorsamen Asketen verschob. Der Prototyp ist Franz von Assisi (1182–1226), ein reicher und lebensfroher Kaufmannssohn, der sich während einer Gefangenschaft in Perugia zu einem Leben in Armut und Nächstenliebe entschloss. Der Franziskus-Vita des Thomas von Celano zufolge pilgerte er nach Rom und gab, seinen Ekel überwindend, einem Aussätzigen ein Geldstück. Wie bei Martin von Tours erwies sich der Aussätzige tatsächlich als Christus. Dieser erschien in einer anderen Überlieferung in der Kapelle San Damiano bei Assisi persönlich dem Franziskus und sprach ihn an: «Siehst du nicht, dass mein Haus in Verfall gerät? Geh hin und stelle es wieder her!» (*Dreigefährtenlegende* 13). Dass Franz diese Aufforderung am Anfang nur auf die Renovierung der abbruchreifen Kapelle und erst später auf die Kirche insgesamt bezog, deutet auf einen längeren Prozess der Konversion hin: Der Heilige ist nicht einfach fertig da. Erst allmählich verstand Franz die Vision als Aufruf zur Wiederherstellung der Kirche, die durch Gründung des Ordens der «Minderen Brüder» (*fratres minores*) erreicht werden sollte.

Der Beginn der Gemeinschaft fiel in eine Zeit, als das Wanderpredigertum nach der Verurteilung der waldensischen Laienprediger (1184) diskreditiert war und Papst Innozenz III. gegen die Katharer in Südfrankreich, eine auf Charisma statt Institutionen setzende und daher kirchenkritische Bewegung, zu einem regelrechten Kreuzzug aufrief. Die berühmte Szene, in der Franz seinem Vater die prächtigen Kleider vor die Füße wirft und sich nackt unter den Schutz des Bischofs Guido von Assisi begibt (*Dreigefährtenlegende* 20), lässt sein Bestreben erkennen, sich aus der weltlichen Gesellschaft zu verabschieden – ohne als Kleriker oder Mönch in den kirchlichen Ordo einzutreten. Das war nicht als prinzipielle Kirchenkritik gemeint (auch wenn es in der Moderne oft so verstanden wurde), dennoch musste Franz darauf bedacht sein, ein kirchlich approbiertes Leben zu führen: Sich auf die Bergpredigt oder die Aussendungsrede Jesu an seine Jünger (Matthäus 10,5–15) zu berufen, reichte im Hochmittelalter dafür nicht mehr aus.

Was Franz wollte, als er sich 1209/1210 mit einer ersten Regel an den Papst wandte, war ein Leben in strikter Nachfolge Jesu, und dementsprechend bestand seine (nicht erhaltene) «Protoregula» vor allem aus Bibelstellen, in denen sich Franz' individuelle Gotteserkenntnis – in seinem Testament spricht er sogar von einer Offenbarung Gottes – niederschlug. Als Papst Honorius III. 1223 die Regel der Franziskaner approbierte (*Regula bullata*), war daraus das Grundgesetz eines zentralistisch organisierten Ordens neuen Typs geworden: das Bettelmönchtum, dessen zweiter Impuls durch den spanischen Ketzerbekämpfer Domingo de Guzmán (Dominikus, gest. 1221) mit der Gründung des Dominikanerordens bewirkt wurde. Maßgeblich war das Ideal radikaler Armut, das zwar nicht am Anfang gestanden hatte (in seinem Testament bekundete Franz, er habe darauf gedrungen, dass «alle Brüder eine ehrbare Handarbeit verrichten»), das aber schnell zum Inbegriff der Christusnachfolge wurde. Gegenüber der benediktinischen und der zisterziensischen Tradition wurde damit ein neuer Akzent gesetzt, der die Franziskaner im 13./14. Jahrhundert in heftige Auseinandersetzungen mit dem Papsttum über die Frage trieb, wie radikal evangelische Armut zu verstehen sei. Den Höhepunkt des «franziskanischen Armutsstreits» unter dem Pontifikat Johannes' XXII. (1316–1334) hat Umberto Eco in seinem Roman «Der Name der Rose» kunstvoll nacherzählt.

Es ist notwendig, zwischen Franz und der franziskanischen Tradition zu unterscheiden, um das Bild des Heiligen trennscharf herauszuarbeiten. Doch ist es nicht angemessen, den Orden als Perversion der Intentionen seines Gründers zu beschreiben; denn Franz war sehr wohl klar, dass ohne feste Struktur sein vom Evangelium inspirierter Aufbruch schnell enden würde. Er bemühte sich selbst darum, den Orden unter den Schutz des Kardinals Ugolino von Ostia zu stellen (der ihn später als Gregor IX. heiligsprechen sollte). Mit seiner Reise zum Sultan von Ägypten (1218/1219) hob die Tradition franziskanischer Mission an, die dem Orden im Spätmittelalter eine Reihe von Märtyrern bescherte. Franz gab nach 1220 die Leitung des Ordens ab und wurde bald «aus einem lebendigen Beispiel auf dem Weg zu Christus zu einem Gegenstand der Verehrung» (Friedrich Prinz). Das hieß nicht, dass seine Autorität geschwunden wäre. Jordan von Giano beschreibt Franz' Stellung im Orden mit einem Bild: «Er sitzt zu Füßen des Bruders Elias, des energischen und kraftvollen Vikars, versäumt aber nicht, ihn an der Kutte zu zupfen, um ihm seine Ansicht mitteilen zu können». Eine solche Mahnung richtete er z. B. an Antonius von Padua, den ersten großen Theologen des Franziskanerordens: «Es gefällt mir, dass du den Brüdern die Heilige Theologie vorträgst, wenn du nur nicht durch dieses Studium den Geist des Gebets und der Hingabe auslöschst, wie es in der Regel steht!» Dass sein Orden nur wenige Jahrzehnte später an den europäischen Universitäten eine dominierende Stellung einnehmen würde, hätte den Gründer vermutlich einigermaßen überrascht.

Die letzten Jahre bis zu seinem Tod waren von Krankheit geprägt, die ihn in der Wahrnehmung seiner Zeitgenossen nur christusgleicher machte (ein Phänomen, das ganz ähnlich 2005 am Lebensende von Papst Johannes Paul II. zu beobachten war). Im September 1224 zog sich Franz mit einigen Mitbrüdern auf den Berg La Verna zurück und empfing dort die Wundmale Christi an Händen, Füßen und Leib – die erste dokumentierte «Stigmatisierung» in der Geschichte des Christentums. Ob diese Stigmata – die bis heute bei über 350 anderen Personen festgestellt wurden – historisch belegt und medizinisch erklärbar sind, ist eine sekundäre Frage gegenüber ihrer Zeugniskraft für die Heiligkeit des Franz von Assisi in den Augen der Zeitgenossen. Bedeutete Heiligkeit in der Antike Christusförmigkeit durch das Martyrium, so kehrte sie hier in einer schmerzhaft erlittenen, greifbaren Auszeichnung des Heiligen wieder. Die Heiligsprechung im Jahr 1228 war daher nur die kirchenamtliche Anerkennung dessen, was ohnehin klar erkennbar war.

Der Tod des Heiligen stand schon im Schatten künftiger Kämpfe um Besitz und Deutung seines Vermächtnisses: Perugia mied man beim Transport des Sterbenskranken nach Assisi, weil man befürchtete, die verfeindete Stadt würde sich des (noch) Lebenden als einer jetzt schon kostbaren Reliquie bemächtigen. Franziskus selbst bestimmte den Ort seines Todes: nicht den Bischofspalast, sondern die «Portiuncula», das Kirchlein neben dem Kloster S. Maria degli Angeli. Nur wenige Jahre später wurde der Leichnam in die neu errichtete Grabeskirche S. Francesco transferiert, die Giotto (1266–1337) mit prächtigen Fresken ausschmückte. Ob dies im Sinne des «Poverello», des «kleinen Armen», gewesen wäre, ist fraglich. Doch ist es ganz typisch für viele Heilige, dass die Kritik an Reichtum, Macht und Bildung, die sie in ihrem Lebenswandel verkörperten, in einer Kirche präsent gehalten wurde, die diesem Leitbild in ihrer Außendarstellung vielfach widersprach. Heilige wie Franz halten damit die Erinnerung wach, dass zu jeder Zeit neu zu fragen ist, was Christusnachfolge bedeuten mag; sie sind ein Stachel im Fleisch der verfassten Kirche, was die engagierten, teils verbitterten Kämpfe um die Deutung ihres Lebens in Hagiographie und Ikonographie erklärt.

Die Königstochter: Elisabeth von Thüringen

Das trifft besonders für eine Gruppe von Heiligen zu, deren Existenz in der Kirche schon aus dem Grund prekär war, dass sie Frauen waren. Zwar gab es, wie gesehen, seit den frühesten Zeiten des Christentums weibliche Märtyrer und Heilige. Aber Frauen, die durch charismatische Macht, diakonische Initiative oder theologische Bildung beeindruckten, zogen im Mittelalter Verdächtigungen auf sich, die bis zum Häresievorwurf reichen konnten. Hildegard von Bingen (gest. 1179) wurde trotz mehrerer Anläufe nie förmlich kanonisiert. Zu ihrer Zeit stand sie mit Bischöfen und Königen in brieflichem Kontakt, und kein Geringerer als Bernhard von Clairvaux ermutigte sie, ihre Visionen im Buch «Wisse die Wege des Herrn» (*Liber Scivias Domini*, 1141–1147) niederzuschreiben. Aber dass eine Frau theologische und naturwissenschaftliche Traktate veröffentlichte, erschien schon ein paar Jahrzehnte später verdächtig. Im 13. Jahrhundert mussten die «Beginen», die ein selbstbestimmtes religiöses Leben jenseits vorgegebener bürgerlicher und monastischer Konventionen führen wollten, in vielen Fällen in Klöster eintreten, um vor den Verdächtigungen der Inquisition geschützt zu sein. Hatte Bischof Jakob von Vitry um 1230 die Begine Maria von Oignies (gest. 1213) als *sancta moderna in nostris diebus*, als «moderne Heilige in unserer Zeit» gerühmt, so wurde 1310 in Paris Marguerite Porète, die Verfasserin des mystischen Traktats «Spiegel der einfachen Seelen», als Häretikerin verbrannt. Zwischen heiligmäßigem Leben und ungehörigem Übertreten der Grenzen, die Frauen gezogen waren, lag im 13. Jahrhundert oft nur ein schmaler Grat.

In diese Zeit fällt das Leben und Nachwirken der Elisabeth von Thüringen, der populärsten Heiligen des Spätmittelalters und einer bis heute für viele Konfessionen bedeutenden Gestalt der Frömmigkeit und Diakonie. Über die ungarische Königstochter (1207–1231), die schon in jungen Jahren mit dem künftigen Landgrafen Ludwig IV. von Thüringen verlobt wurde, in ihrer kurzen Ehe drei Kinder zur Welt brachte und nach Ludwigs plötzlichem Tod von der Wartburg vertrieben wurde und in Marburg für wenige Jahre einen neuen Wirkungsort fand, ist schon im Mittelalter ungewöhnlich viel geschrieben worden. Die historische Elisabeth drohte alsbald hinter einer Vielzahl von Bildern zu verschwinden. So zeigt ihre verbreitete Darstellung im Habit der Franziskaner, wie Elisabeth in die Deutungskämpfe um Franziskus' Erbe hineingezogen wurde: Dem Orden trat sie selbst nicht bei, und die frühen Franziskaner, die sie in Thüringen kennen lernte, waren karitativ tätig, während der spätere Mainstream des Ordens Armut und Mystik in den Vordergrund stellte. Die gemeinsame Krönung von Elisabeth und Franziskus im Marburger Elisabethfenster aus der Mitte des 13. Jahrhunderts bezeugt diese Eingemeindung, und die schon um 1250 florierende Elisabeth-Hagiographie partizipierte daran. Selbst die frühesten Zeugnisse von ihrem Leben, die Aussagen ihrer Dienerinnen, die für den Heiligsprechungsprozess 1233/1234, also nur wenige Jahre nach dem Tod Elisabeths, aufgezeichnet wurden, sind nur mit Vorsicht als historische Zeugnisse auszuwerten, rücken sie doch schon das Leben der Verstorbenen in das Licht der künftigen Heiligen. So entsteht die paradoxe Situation, dass die Fülle der Informationen das Verständnis der Person eher erschwert als erleichtert; zugleich wird erkennbar, dass und wie Elisabeth schon zu Lebzeiten ihre Zeitgenossen in außergewöhnlichem Maße beeindruckte.

Sie entstammte als Tochter von König Andreas II. von Ungarn und Gertrud von Andechs-Meranien dem europäischen Hochadel und zugleich einem heiligkeitsträchtigen Umfeld: Auch ihre Tante Hedwig von Schlesien, die 1243 in dem von ihr selbst gestifteten Zisterzienserinnenkloster Trebnitz starb, wurde 1267 kanonisiert. Nach den erwähnten Berichten war Elisabeth von klein auf von inniger Frömmigkeit erfüllt: Jesus erschien und sprach mit ihr während des Spielens mit den Freundinnen; auch ihr Gerechtigkeitssinn äußerte sich schon in jungen Jahren. Als junge Landgräfin empfing sie spirituelle Impulse aus franziskanischem Umfeld; da den Franziskanern aber der Umgang mit Frauen untersagt war, wurde ab 1226 der Inquisitor und Kreuzzugsprediger Konrad von Marburg ihr Beichtvater. Elisabeth wollte indes ihr fürstliches Leben keineswegs zu Gunsten strenger Askese aufgeben, sondern *als Fürstin* ein christliches Leben führen. Dazu gehörte, keine Speisen zu sich zu nehmen, die den Bauern abgepresst worden waren (was an einem Fürstenhof nur schwer zu realisieren war). Sie verfolgte eine strenge Bußpraxis, doch ohne ihrem Mann den ehelichen Verkehr zu verweigern. Dessen Rechte hatte sie aus dem Gelübde eines streng christlichen Lebens, das Konrad ihr abnahm, explizit ausgeklammert. Ludwig hatte offensichtlich Verständnis für ihre spirituellen Bedürfnisse und ließ sie gewähren. Die Ehe zwischen beiden erscheint in zeitgenössischen Berichten von ungewöhnlich inniger Liebe geprägt. Die Minnelyrik, die am thüringischen Hof geschätzt wurde, hat in dieser Ehe ein reales Vorbild – oder, was ebenso gut möglich ist, die Beziehung des Landgrafenpaares wurde nach poetischen Vorbildern stilisiert. In jedem Fall ist es bemerkenswert, dass eine Ehefrau und Mutter zur Heiligen wurde, und das in einer Zeit, in der Kaiserin Kunigunde eine Josefsehe angedichtet wurde, um im Kanonisationsverfahren ihre Heiligmäßigkeit zu belegen.

Elisabeth war keine religiöse Eiferin, sondern eine tatkräftige Landesmutter. Als Ludwig im Winter 1225/1226 am kaiserlichen Hof in Cremona weilte, ließ sie an die hungernden Menschen Korn aus dem landgräflichen Vorrat verteilen – sehr zum Missfallen ihrer Verwandtschaft, aber mit Einwilligung ihres Mannes, der gesagt haben soll, er würde ihr Tun tolerieren, «solange sie mir nicht die Wartburg verkauft!» Sein Tod als Kreuzfahrer 1227 in Otranto bewirkte eine radikale Wende in Elisabeths Leben: Ludwigs Bruder und Nachfolger, Heinrich Raspe, vertrieb die Witwe mit ihren Kindern von der Wartburg. Den Plänen zur Wiederverheiratung, die ihr Onkel, Bischof Ekbert von Bamberg, schmiedete, widersetzte sich Elisabeth erfolgreich. Konrad von Marburg gelang es, bei Papst Gregor IX. einen Schutzbrief für sie zu erwirken, der ihn als geistlichen Vater und weltlichen Vormund einsetzte und ihr zudem eine standesgemäße Witwenversorgung sicherte. Als Elisabeth am Karfreitag 1228 in der Eisenacher Franziskanerkirche ein erweitertes Armutsgelübde ablegen wollte, verhinderte dies ihr Beichtvater, um ihre Ansprüche auf das familiäre Erbe zu wahren. Ihr Schwager überließ ihr schließlich ein Grundstück in Marburg als Witwensitz. Ihre Kinder gab sie dafür in fremde Hände: Hermann und Sophie wurden an Fürstenhöfen erzogen, Gertrud (1227–1297) brachte sie ins Prämonstratenserinnenkloster Altenberg bei Wetzlar, wo diese später als Äbtissin wirkte und als «lebende Reliquie» ihrer heiligen Mutter verehrt wurde (während die Päpste im 14. Jahrhundert ihre eigene Seligsprechung verhinderten). Die Trennung von den Kindern hat oft Unverständnis hervorgerufen, war aber seinerzeit im Hochadel üblich und taugt daher nicht dazu, Elisabeth ein menschen- und lebensfeindliches Frömmigkeitsideal zuzuschreiben.

Charakteristisch für Elisabeth in ihren letzten Lebensjahren in Marburg ist das Mit- und Ineinander von tiefer, exaltierter Frömmigkeit, zielbewusstem diakonischem Handeln und selbstzerstörerischer Buße. Auf ihrem Grund und Boden errichtete sie ein Hospital (mit einem der ersten Patrozinien des Franziskus), in dem sie selbst die Armen und Kranken pflegte, einerseits mit großer Hingabe und einigem Idealismus (z. B. was ihre nicht vorhandenen Kochkünste anging), andererseits aber auch mit großer Strenge gegenüber sich selbst. An einem Abend, als sie an Arme und Bettler eine erhebliche Summe Geldes verschenkt hatte und jene aus Dankbarkeit zu singen begannen, fiel der Überlieferung nach ihr berühmter Satz: «Seht, ich habe euch doch gesagt, wir sollen die Menschen froh machen!» In diesem Bestreben unterschied sie sich deutlich von den Nonnen ihrer Zeit, ebenso im Verzicht auf die traditionelle Bindung an ein Kloster (*stabilitas loci*). Elisabeth reiste umher und besuchte ihre Tante, die Äbtissin des Klosters Kitzingen, die angesichts ihrer dürftigen Kleidung erschrak und die Nichte erst einmal ins Bad steckte – woraus Elisabeth schnell entfloh, angeblich um ihrem Leib «diese Wohltat vorzuenthalten». Darin wird deutlich, dass die Landgrafenwitwe zu ihrer Familie Kontakt hielt und von dieser auch materiell unterstützt wurde. Doch war ihr Verhalten unstandesgemäß, sogar peinlich: Als ihr Vater sie nach Ungarn zurückholen wollte, traf sie der Gesandte am Spinnrad an, bekreuzigte sich und rief: «Noch nie hat man eine

Königstochter spinnen sehen!» Eine Rückkehr ins Vaterhaus lehnte sie ab. Stattdessen war Konrad von Marburg ihre primäre Bezugsperson, wobei man in den körperlichen Züchtigungen, die er seiner Schutzbefohlenen zukommen ließ, nicht sogleich eine krankhafte Neigung zu erblicken hat. Immer wieder versuchte er vielmehr, Elisabeth von allzu schmerzvoller Askese abzuhalten.

Elisabeth starb am 17. November 1231 in Marburg – aus Entkräftung oder vielleicht auch einfach an einer der im Hospital kursierenden Krankheiten. Ihr Tod wird bereits als das Sterben einer Heiligen geschildert, und so wirkte sie auf ihre Mitmenschen, die nach Marburg strömten und Reliquien – Kleidungsstücke, aber auch Haare, Nägel und sogar ihre Brustwarzen – zu ergattern trachteten. Aus moderner Sicht muss dies als Leichenfledderei erscheinen, im Mittelalter war es aber gang und gäbe. Konrad von Marburg begann umgehend mit der Vorbereitung der Heiligsprechung, die auch nach seinem gewaltsamen Tod (1233) vorangetrieben wurde, nun von der Thüringer Familie, die eine Heilige aus ihren Reihen zu schätzen wusste und zudem den Hochmeister des Deutschen Ordens stellte, dem die Fürsorge für das Grab übertragen wurde. Schon 1235 wurde Elisabeth heiliggesprochen, und am 1. Mai 1236 wurde ihr Leichnam feierlich in die Marburger Kirche transferiert, deren Grundstein gerade erst gelegt worden war und die sogleich ihr Patrozinium erhielt.

Rasch wurde Marburg zum Pilgerziel ersten Ranges, befördert durch zahlreiche Viten. Ein erstes Werk verfasste um 1240 Caesarius von Heisterbach, mehrere Lebensbeschreibungen folgten in den nächsten Jahrzehnten, bevor Dietrich von Apolda um 1293 die für die Verehrung im Spätmittelalter maßgebliche Vita schrieb. Zu diesen Biographien kamen Legenden wie das «Rosenwunder», die heute vielleicht bekannteste Episode, die aber erst im 15. Jahrhundert in dem in Versen abgefassten deutschen «Elisabethleben» des Johannes Rothe auftaucht: Elisabeth wollte Brot an die Armen verteilen, wurde dabei aber von ihrem (hier gar nicht liebevollen) Gemahl ertappt, der sie aufforderte, ihre Schürze zu öffnen – worin sich nur Rosen fanden. Der Akzent liegt auf der wunderbaren Bewahrung vor Strafe; die Geschichte macht aber auch deutlich, wie wenig selbstverständlich das karitative Handeln der Thüringer Landgräfin war.

Dass Elisabeths Heiligsprechung von ihrer Familie forciert wurde (wovon nach dem Ende der Ludowinger 1247 ihre Tochter Sophie von Brabant profitierte, die ihrem Sohn Heinrich auch mit Berufung auf Elisabeth als Landespatronin den hessischen Landesteil sichern konnte) und dass sie in die franziskanische Ikonographie «eingemeindet» wurde, ist symptomatisch für die zwei Wege zur Heiligkeit von Frauen im Mittelalter: Es waren entweder hochadlige Familien oder die neuen Bettelorden, die ihre «Hausheiligen» erhielten. Propagiert wurde eine monastische Lebensform im Kloster oder in der Welt, wie sie Elisabeth verkörperte. Gleiches gilt für die weiteren im Hochmittelalter heiliggesprochenen Frauen – Margarete von Schottland, Klara von Assisi, Hedwig von Schlesien, Birgitta von Schweden, Katharina von Siena –, die Adlige oder Mystikerinnen waren.

In der Hagiographie diente insbesondere die Differenz zwischen hoher Herkunft und radikaler Askese als Kontrastmittel, gerade im Vergleich zum ritterlichen Ideal der zeitgenössischen Dichtung: Der Heilige ist ein Heros eigener Art. Durchgesetzt wurden diese Kriterien von Heiligkeit auch durch Verurteilung anderslautender Positionen: Papst Johannes' XXII. Bulle *In agro dominico* vom 27. März 1329 brandmarkte neben anderen Thesen Meister Eckharts (gest. 1328) den Satz: «Sant Dionysius [Areopagita] sprichet, ‹daz heilicheit ist ganziu lûterkeit, vrîheit und volkomenheit›». Von Armut und Demut war hier keine Rede, vielmehr kündigte sich die Aufhebung der Leitdifferenz von heilig und profan an, wie sie in der Reformationszeit erfolgen sollte. Ein mystisch begabter Heiliger war weder sichtbar noch greifbar – und verfehlte damit die kultischen und liturgischen Bedürfnisse des Mittelalters.

Kult und Frömmigkeit

Die Heiligen waren im Mittelalter in allen Lebensbereichen präsent: im Gottesdienst, durch Heiligenfeste, in hagiographischen Schriften und Schriftensammlungen und in ihren materiellen Reliquien. Sie dienten als Bürgen bei Rechtsgeschäften und bei Eidesleistungen, nahmen Gelübde entgegen und drohten mit Strafe im Fall der Nichteinhaltung. Umgekehrt sind auch Fälle bezeugt, in denen Heilige die in sie gesetzten Hoffnungen enttäuschten und dafür bestraft wurden, indem man ihre Bilder und Reliquien entfernte oder gar schlug – was wiederum das II. Konzil von Lyon (1274) verbot. Waren Märtyrer und Asketen ursprünglich Fürsprecher im Jüngsten Gericht, so trat im Laufe der Zeit ihre Schutzfunktion im Leben der Gläubigen neben die eschatologische Bedeutung, ja sogar in den Vordergrund; sie nahmen ein Patrozinium wahr, d. h. eine «Schutzpflicht» gegenüber einzelnen Menschen, Kirchen und Klöstern, aber auch gegenüber Königen und Staaten. Elisabeth von Thüringen diente gleich für mehrere Bereiche als Patronin: für ihre Marburger Grabkirche und für den Orden der Franziskaner, für das ungarische Königshaus, dem sie entstammte, und die Thüringer Landgrafen, in deren Geschlecht sie eingeheiratet hatte (weshalb auch am Grab ihres Gatten im Kloster Reinhardsbrunn Wunder zu verzeichnen waren), überdies für die hessischen Landgrafen, deren Stammmutter sie durch ihre Tochter Sophie von Brabant wurde. Umgekehrt konnten sich auch mehrere Heilige ein Patronat teilen: So trat in Frankreich neben den Nationalheiligen Martin der Märtyrer und (der Legende nach) erste Bischof von Paris, Dionysius (gest. nach 250).

In einer Kirche besaß normalerweise der Heilige das Patrozinium, dessen Leib dort lag; je häufiger aber Reliquien ausgetauscht und verbreitet wurden, desto eher wurden neue Heilige als Schutzherren erwählt, zumal dort, wo kein vollständiger Leib eines Heiligen verfügbar war. Natürlich gab es auch Schutz*frauen*, unter denen Maria als «Schutzmantelmadonna» herausragt: Hatte ihr Mantel einst dem Jesuskind Schutz geboten, so konnten sich nun in einem beliebten ikonographischen Motiv ganze Ordensgemeinschaften unter ihren Schutz stellen. Des weiteren entstanden Bruderschaften, die sich zum Ziel setzten, einem bestimmten Heiligen zu dem ihm gebührenden Kult zu verhelfen und sich durch ihn das eigene Seelenheil sichern zu lassen. Solche Bruderschaften lehnten sich an Gilden und Zünfte an und widmeten sich deren Hauptpatronen, wobei als soziales Moment die wechselseitige Hilfe der Mitglieder in leiblichen und seelischen Nöten hervortrat. Besonders in den Städten waren Bruderschaften im späten Mittelalter eine populärere Form religiösen Lebens als der Klostereintritt.

Heilige waren Patrone von Kirchen, Orden, Ländern oder Herrschern und erhielten darüber hinaus Zuständigkeiten für konkrete Berufsgruppen und Lebenssituationen. Ein sehr vielseitiger Patron war der spätantike Bischof Nikolaus von Myra, der schon als junger Mann Wohltäter dreier mittelloser, aber heiratswilliger Mädchen war und sich danach durch Sturmstillungen und Speisungen von Hungernden hervortat. Einerseits war Nikolaus, dessen Reliquien 1087 nach Bari gelangten, ein wundertätiger und asketischer Bischof, andererseits der Schutzheilige der fahrenden Kaufleute und Schiffer, d. h. von prosperierenden Berufsständen, die den geschäftlichen Erfolg dem Heiligen reichlich dankten, wie das Netz von Nikolaikirchen entlang der europäischen Fernhandelsstraßen und an der Ostseeküste zeigt. Nikolaus beschützt(e) auch die Apotheker und Fischer, die Pilger und Reisenden, die Bierbrauer und Schnapshändler, die Wirte und Weinhändler – hinter solchen Patrozinien stehen die zahlreichen Wundererzählungen, die in der *Legenda aurea* überliefert wurden. Zudem war Nikolaus einer der wenigen ökumenischen Heiligen im Mittelalter, der in der Ostkirche ebenso große Wertschätzung genoss wie im Westen.

Die Zuordnung von Heiligen zu Personengruppen ergab sich oftmals aus der jeweiligen Biographie: Rochus von Montpellier (gest. 1327) pflegte der Legende nach Pestkranke in Piacenza und steckte sich dabei selbst mit der Krankheit an. Auf dem Krankenbett leistete ihm ein Engel seelsorgerlichen Beistand; mit Nahrung versorgte ihn ein Hund. Rochus wurde zum Patron der Pestkranken, aber auch der Ärzte, Apotheker und Totengräber, also aller Personen, die im weitesten Sinne mit der Seuche zu tun hatten. Er gehörte wie Nikolaus zu den vierzehn «Nothelfern», die in der spätmittelalterlichen Krisenzeit arbeitsteilig die Ängste und Sorgen der Gläubigen zu bewältigen halfen: So war bei Feuer, Dürre und Sturm Ägidius verantwortlich, bei Gewitter und Fieber Barbara, bei Halsschmerzen und Blasenkrankheiten Blasius, bei Erkrankungen der Haustiere Georg, bei Blitz, Besessenheit, Tobsucht und Epilepsie Vitus – die Reihe wäre fortzusetzen, wobei Zahl und Zuständigkeiten variieren konnten. Die Gläubigen waren also umgeben und begleitet von einer Vielzahl von Helfern, die die Kontingenzen des Lebens zu bewältigen halfen. Dass der theologischen Theorie zufolge diese Nothelfer nur um ihre Fürbitte bei Gott angerufen werden sollten, der dann hilfreich eingreifen würde, wurde in der Praxis der Frömmigkeit häufig verwischt: Hilfe wurde von den Heiligen selbst erwartet; darum pflegte man ihr Gedenken an ihren Festtagen, pilgerte zu ihrem Grab und wandte sich in alltäglichen und besonderen Situationen direkt an sie.

Legenden und Reliquien

Präsent waren die Heiligen auch in ihren Legenden. Heiligenviten sind, wie die antiken Märtyrerakten, primär Verkündigungsliteratur, und demgemäß ist die Hauptfigur immer schon von Gott selbst zum Heiligen bestimmt. Während Franziskus oder Elisabeth schon in jungen Jahren die Aura der Heiligkeit umgab, stellte Caesarius von Heisterbach für den Kölner Erzbischof Engelbert (gest. 1225) nüchtern fest, nach menschlichem Ermessen sei er unrettbar dem Zorn Gottes verfallen, jedoch:

> Die Heiligkeit, die seinem Leben fehlte, brachte ein edler Tod nach; und wenn er im Lebenswandel nicht so vollkommen war, so wurde er durch sein Martyrium doch heilig. (*Vita, passio et miracula Engelberti* 1)

Es passt gut zu dem oben beschriebenen Wandel des Heiligenideals im 13. Jahrhundert, dass Engelberts glänzende kirchliche Karriere als ein von ihm gar nicht durchschauter Irrweg dargestellt wird: Nicht als Bischof, sondern als Märtyrer findet er seine göttliche Bestimmung. Diese *passio* ermöglicht es wiederum, dass an seinem Grab zahlreiche *miracula* geschehen. Die Wunder gehören konstitutiv zur mittelalterlichen Heiligenlegende. Sie wurden zum Zweck der Heiligsprechung gesammelt, aber auch an Viten angehängt. Mirakel-Sammlungen genossen ungeheure Popularität und sie wurden im Gottesdienst, beim Mahl im Kloster oder *privatim* ver- und gelesen. Sie bezeugten das Eingreifen Gottes zugunsten seiner Heiligen und der sich an diesen orientierenden Christen und zum Schaden derer, die die lebenden oder toten Heiligen missachteten. Die Wunder prägten das mittelalterliche Heiligenverständnis zutiefst. Der Humanismus des Spätmittelalters leitete eine Relativierung dieses Ideals ein, die in der Reformationszeit erhebliche Nachwirkungen entfaltete. Die Konstante liegt dabei in der Vorbildfunktion der Heiligen, die – wie die altkirchlichen Märtyrer – nur *imitatores Christi* sein und so wiederum andere zur Nachahmung motivieren wollen:

Daher stammt die vortreffliche Sitte der heiligen Kirche, das Leben und die Tugenden der Heiligen, welche auf dieser Erde durch Wunder und Glaubensinbrunst und Vollkommenheit guter Werke herausragten und Lob verdienten, nach deren Tod zu beschreiben, damit die Nachkommen wissen, wie sie das Tugendbeispiel nachahmen und wie sie die Gnade der göttlichen Erbarmungen betrachten sollen. (Ansgar von Bremen, *Vita Willehadi*)

Im Spätmittelalter entstanden ganze Sammlungen solcher Heiligenleben, unter denen die *Legenda aurea* hervorragt: Der Dominikaner und spätere Erzbischof von Genua, Jacobus de Voragine (gest. 1298), stellte 1263/1273 über 180 Einzelviten in der Abfolge des Heiligenkalenders zusammen, von den Aposteln und Märtyrern über die Ordensgründer Dominikus und Franziskus bis zu dem 1252 ermordeten päpstlichen Inquisitor Petrus Martyr von Verona. Dass der Verfasser dabei nicht streng chronologisch, sondern nach dem liturgischen Kirchenjahr vorgeht, legt sein Geschichtsverständnis offen: Die Heiligenleben wollen im Licht der Heilsgeschichte Gottes betrachtet werden, welche die christlichen Feste im Jahreslauf erfahrbar machen;

sie sind nicht isolierte Begebenheiten im kausal abgeschlossenen Strom der Geschichte, sondern Bestandteil in Gottes großem Heilsplan, der gerade in seinem Wirken für und durch die Heiligen transparent wird. Darin sahen der Verfasser und die Leser das Eigene der Sammlung, die in kürzester Zeit zum meistverbreiteten Buch des Spätmittelalters avancierte. Auch historisch zweifelhafte Heilige hatten hier ihren Platz, so der heilige Georg, der zahlreiche Patrozinien übernahm und dessen Reliquien bereits kursierten, lange bevor seiner Gestalt die Drachentötererzählung zuwuchs (ikonographisch in frühbyzantinischer Zeit, literarisch im Hochmittelalter – in einer vom Rittertum geprägten Epoche!). Bei Christophorus wurde erst im 13. Jahrhundert aus dem traditionellen Ehrennamen der Märtyrer («Christusträger») ein Eigenname, der sich mit dem Bericht von dem Mann verband, der nur dem Mächtigsten dienen will und diesen schließlich im Jesuskind erkennt. Die *Legenda aurea* fragt also nicht nach Historizität, sondern stellt den systematisch-theologischen Werken der Scholastik («Summen») eine *Summa hagiographica* zur Seite, die die Christen im Rhythmus des Kirchenjahres in die Welt der Heiligen einführt.

Die Heiligen waren nicht nur in Texten oder Bildern, sondern handgreiflich bei den Gläubigen anwesend: in den Reliquien, die im Altar einer jeden Kirche vorhanden sein mussten, wie das Ökumenische Konzil von Nizäa (787) festgelegt hatte. Anfängliche Hemmungen, einen Leichnam zu zerteilen und den Heiligen in kleinen Stücken an Kirchen und Klöster zu versenden, waren da längst überwunden. Vielmehr war die Auffassung verbreitet, dass die Heiligen die ihrem Körper innewohnende Kraft (*virtus*) nach dem Tod nicht verloren und dass diese Kraft in jedem Körperteil und jedem Gegenstand, den der Heilige berührt hatte, auch weiterhin zugegen war. Trotz Kritik aus theologischer Perspektive, wie sie z. B. Thomas von Aquin übte – nicht an den materiellen Überresten eines Heiligen hänge dessen Heilsgewissheit, sondern an Gottes Ratschluss (*Summa theologica* III Suppl. q. 78 art. 3) –, war für die Frömmigkeitspraxis die «Realpräsenz» der Heiligen maßgeblich. Die Reliquien wurden als Träger der *virtus* im Gottesdienst und im Kirchenraum sichtbar ausgestellt und entfalteten schon dadurch heilsame Wirkung, dass man sie andachtsvoll betrachtete. Hierdurch ließ sich Sündenablass erwerben, zumal bei den regelmäßigen «Heiltumsschauen», bei denen der Reliquienschatz einer Kirche oder eines Fürsten gezeigt wurde, wie z. B. das Heiltum Friedrichs des Weisen von Sachsen (1463–1525), Luthers Landesherrn.

Bestand im früheren Mittelalter der Brauch, bei Prozessionen und anderen Anlässen die Behältnisse (Reliquiare) zu öffnen und das sonst Verborgene und Geschützte sichtbar zu machen, so verbot das IV. Laterankonzil (1215), «die altehrwürdigen Reliquien ohne Behältnis (*extra capsam*) zu zeigen». Reliquiare wurden nun mit Sichtfenstern versehen, durch die die Gläubigen die verehrten Körperteile betrachten konnten. Im 13. Jahrhundert ging der Trend zur Visualisierung des Heiligen, wozu auch das gezielte Verbergen von Reliquien gehörte. So ist der «Heilige Rock» (das ungenähte Gewand Christi nach Johannes 19,23) seit 1196 in Trier nachgewiesen, wurde zur öffentlichen Verehrung aber erstmals 1512 ausgestellt. Nach dem 16. Jahrhundert fanden Wallfahrten nur noch im Abstand von mehreren Jahrzehnten statt (zuletzt 2005, demnächst 2012). Die Gebeine des Antonius von Padua wurden Anfang 2010 sogar erst zum vierten Mal seit seinem Tod (1231) öffentlich gezeigt; ansonsten müssen sich die Gläubigen mit seiner Zunge begnügen, die im Dom von Padua ausgestellt ist.

Die Präsenz der Heiligen wurde auch durch bauliche Gestaltung inszeniert. Nicht nur tragbare Behältnisse, sondern auch komplette Kirchengebäude übernahmen die Funktion eines Reliquienschreines, so z. B. die Sainte-Chapelle in Paris (1248), erbaut als Aufbewahrungsort des Heiltumsschatzes der französischen Könige mit der Dornenkrone Jesu als Prunkstück. Der Handel mit Reliquien florierte und wurde, wo ein Erwerb nicht möglich war, gelegentlich auch durch Raubzüge unterstützt. Bereits Einhard (gest. 840), der Biograph Karls des Großen, erzählt, wie er auf abenteuerlichen Wegen zwei Märtyrer aus diokletianischer Zeit, Marcellinus und Petrus, aus Rom ins Frankenreich «entführte». Eine Fülle von neuen Reliquien gelangte nach der Eroberung Konstantinopels während des 4. Kreuzzuges 1204 als Beutegut nach Mittel- und Westeuropa. Authentische Stücke zu verkaufen, hatte das IV. Laterankonzil streng verboten – und neugefundene Reliquien durften erst nach päpstlicher Approbation verehrt werden. Denn mit der Zahl der Reliquien wuchs auch die Schwierigkeit zu bestimmen, ob es sich jeweils um echte, d. h. mit der Wirkkraft des Heiligen erfüllte Objekte handelte. Reliquien wurden daher mit sogenannten «Authentiken», präzisen Angaben ihrer Herkunft, versehen. Wenn Leben und Nachleben der Heiligen schon in Form von Mythen und Legenden überliefert wurden, sollte doch Betrug und Irrtum nach Möglichkeit gewehrt werden.

Die spektakulärsten und zugleich prekärsten Fälle – die Reliquien Jesu Christi und Marias – waren freilich für solche Authentifizierungen nicht zugänglich. Natürlich besaßen die Gegenstände größte Heiligkeit, die mit Jesus selbst in Berührung gekommen waren: die Dornenkrone und der Heilige Rock, die Heilige Lanze, die sich seit dem 10. Jahrhundert im Besitz der deutschen Könige befand und heute in der Wiener Schatzkammer gezeigt wird, oder das seit 1389 als Kontaktreliquie verehrte (tatsächlich wohl aus dem Hochmittelalter stammende) Turiner Grabtuch. Im Vordergrund stand, was zur Passion Christi in Beziehung gesetzt wurde: die Nägel und Splitter vom Kreuz, das Schweißtuch der Veronika (das in Rom gezeigt wurde) und vor allem das Blut Christi, von dem man an vielen Orten einige Tropfen in Ampullen aufbewahrte, das aber mitunter auch spontan bei der Eucharistie aus den Hostien quellen konnte, woraus z. B. die «Wallfahrt zum heiligen Blut» in Wilsnack (Brandenburg) entstand. Aufgrund seiner Auferstehung gab es von Jesus lediglich Körperreliquien, deren man sich bereits vor seinem Tode bemächtigt hatte (Haar, Zähne, Nägel, Nabelschnur, Vorhaut). Abhilfe schaffte eine unübersehbare Menge von Kontaktreliquien, die sich auf die Berichte der Evangelien über Jesu Wirken zurückführen lassen: Krüge von der Hochzeit zu Kana (Johannes 2,1–12), Brot von der Speisung der Fünftausend (Matthäus 14,13–21), der Saum des Gewandes, durch dessen Berührung die blutflüssige Frau geheilt wurde

(Markus 5,24–34). Dies als vormodernen Aberglauben abzutun, hieße zu verkennen, dass in der Verehrung solcher Gegenstände das Dogma von der Menschwerdung Gottes in Christus einen greifbaren Ausdruck fand. So abstrus manche Reliquien und der sich darauf beziehende Kult aus heutiger Sicht anmuten mögen (und so skeptisch schon zeitgenössische Theologen diesen Bräuchen begegneten): Für die Menschen des Mittelalters vermittelten die Heiligen durch ihre Präsenz in der Welt Heil im gegenwärtigen Leben und Hoffnung auf die Auferstehung, so wie man die Heiligen selbst bereits im Himmel bei Christus geborgen wusste.

5. Das römisch-katholische Heiligsprechungsverfahren

Vom bischöflichen zum päpstlichen Privileg

Heilig wurde man seit der Spätantike vor allem durch Askese. Instanz der Anerkennung dieser Heiligkeit war das gläubige Volk. Äußeres Zeichen der Verehrung war die Erhebung des Leichnams «zu den Ehren der Altäre»: Die Gebeine wurden exhumiert («erhoben», *elevatio*), in eine Kirche überführt (*translatio*) und dort am Altar neu bestattet (*depositio*). Dahinter stand die Vision aus Offenbarung 6,9, wonach die «Seelen derer, die um des Wortes Gottes und um ihres Zeugnisses willen umgebracht worden waren», sich «am Fuße des Altars» befanden. Bernhard von Clairvaux erklärte in einer Predigt zum Allerheiligenfest, Christus gewähre «den gerechten Seelen eine Ruhestätte unter dem Altar Gottes», wo sie «solange ruhen, bis die Zeit anbricht, wo sie nicht mehr unter den Altar gestellt sind, sondern über den Altar erhöht werden» (*Sermo* 3).

Auf der Basis der spontanen Verehrung des Verstorbenen erfolgte durch den Ortsbischof eine Heiligsprechung *per viam cultus*, d. h. durch die offizielle Einführung eines liturgischen Gedenkens (*memoria*). Eine zentrale Instanz für solche Kanonisationen oberhalb der Bistümer gab es in der Spätantike und im Frühmittelalter mangels gesamtkirchlicher Leitungsstrukturen noch nicht. Notwendig war vielmehr die Zustimmung der zuständigen Kaiser, Könige oder Fürsten. Das Verbot der Synode von Mainz 813, «Leiber von Heiligen ohne Weisung des Fürsten oder Erlaubnis der Bischofssynode zu erheben», ging im 12. Jahrhundert in Gratians Kirchenrechtssammlung ein (*Decretum Gratiani* III dist. I cap. 37). Die wiederholten Warnungen vor falschen Märtyrern und unbekannten Heiligen, z. B. in der *Admonitio generalis* Karls des Großen (789) und auf der Synode von Frankfurt (794), deuten darauf hin, dass die gemeinsame Kontrolle durch Bischöfe und Fürsten nicht immer von Erfolg gekrönt war.

Erst kurz vor dem Jahr 1000 kam die Autorität des Papstes ins Spiel, und zwar bei Bischof Ulrich von Augsburg (gest. 973). Obwohl sich schon bald nach seinem Tod ein lebendiger Kult etabliert hatte, strebte sein Nachfolger Liudolf (985–996) zusätzlich eine in Rom vorgenommene offizielle Kanonisierung an. Zur Unterstützung legte er eine Vita des Heiligen und eine Auflistung der durch ihn gewirkten Wunder (*miracula*) vor. Eine römische Synode unter Papst Johannes XV. nahm am 31. Januar 993 die Proklamation des Heiligen vor. Diese Form der Kanonisation wurde für die nächsten beiden Jahrhunderte zum üblichen Verfahren. Dabei galten «bezeugte Wunder [als] Grundvoraussetzung für die Aufnahme eines Kanonisationsverfahrens» (Renate Klauser), was eine minutiöse Prüfung der Zeugenaussagen erforderte. Das Verfahren verlagerte sich damit allmählich von der Bekräftigung gläubiger Verehrung zur kritischen Prüfung objektiv feststellbarer Heiligkeit im Sinne eines Heiligsprechungs*prozesses*: Nunmehr standen «Heilige vor Gericht» (Thomas Wetzstein). Das Gericht bestand zunächst aus einer Synode, doch bereits Eugen III. nahm 1146 die Kanonisation Kaiser Heinrichs II. nur unter Mitwirkung der in Rom anwesenden Bischöfe vor; mittelfristig wurde das Kardinalskollegium zum Organ, das bei Heiligsprechungen gemeinsam mit dem Papst agierte.

Das Vorrecht des Papstes bei der Heiligsprechung beanspruchte explizit zuerst Alexander III. (1159–1181). 1171 befahl er König Knut von Schweden, die Verehrung eines in Trunkenheit Erschlagenen zu stoppen:

> Selbst wenn zahlreiche Zeichen und Wunder durch diesen vollbracht wurden, ist es euch nicht gestattet, ihn ohne Billigung durch die römische Kirche öffentlich als Heiligen zu verehren!

Zwar wollte Alexander lediglich in einem konkreten Fall eine unstatthafte Verehrung unterbinden und keine gesamtkirchliche Regelung treffen. Doch die Grundrichtung war damit vorgegeben. Papst Innozenz III. (1198–1216) bekräftigte dies im Jahr 1200 anlässlich der Heiligsprechung der Kaiserin Kunigunde:

Es geschieht aus der Fülle der Macht, die Jesus Christus dem allerseligsten Petrus verliehen hat, dass wir die Kaiserin Kunigunde dem Verzeichnis der Heiligen hinzufügen, weil dieses höchste Urteil nur dem zukommt, der der Nachfolger des seligen Petrus und Stellvertreter Jesu Christi ist. (*Bulla de canonizatione S. Cunegundis*)

Dem trat das Verbot des IV. Lateranums zur Seite, Reliquien ohne römische Autorisierung öffentlich zu verehren. Von einer Synode war nicht mehr die Rede. Sinnfällig wurde dieser Anspruch dadurch zum Ausdruck gebracht, dass nicht der Ortsbischof, sondern ein Legat des Papstes die Kanonisation vornahm. So wurde z. B. Erzbischof Anno von Köln 1183 in Siegburg (und aufgrund eines Formfehlers bald darauf nochmals in Köln) durch Gesandte Alexanders III. heiliggesprochen. Gregor IX. (1227–1241) nahm Alexanders oben zitierten Brief in die Sammlung autoritativer Papsterlasse (*Liber extra decretalium* X 3,45,1) auf und verlieh ihm so gesamtkirchliche Geltung.

Fortan mussten der Papst und seine Vertreter durch Zeugenaussagen von der Heiligkeit des Kandidaten überzeugt werden. Gregor ließ erstmals bei den Heiligsprechungen von Dominikus (gest. 1221, heilig 1234), Antonius von Padua (gest. 1231, heilig noch im selben Jahr!) und Elisabeth von Thüringen (gest. 1231, heilig 1235) die Vorgaben zur Zeugenbefragung anwenden: Eine päpstliche Kommission zählte nur zwei Jahre nach Elisabeths Tod 129 Wunder, die sich an ihrem Grab ereignet hatten. Das Verfahren zur Heiligsprechung bestätigte, was für das Kirchenvolk längst feststand, nämlich ihren Ruf der Heiligkeit; doch wurde dieser durch den Nachweis eines tugendhaften Lebens einerseits und durch die Beglaubigung ihres Wunderwirkens andererseits formell beurkundet. Dass sie der katholischen Lehre angehangen hatte, stand bei der Thüringer Landgräfin nicht in Frage, spielte aber bei der Zeugenvernehmung und in den Kanonisationsbullen jener Zeit, in der scharf gegen innerkirchliche Dissidenten wie die Katharer vorgegangen wurde, generell eine wichtige Rolle. Die spontane Zuschreibung von Heiligkeit durch Laienchristen stieß zunehmend auf Skepsis und wurde deshalb von der Kurie als zentralisierter Behörde durch ein immer ausgefeilteres Instrumentarium überprüft.

Der Weg durch die Instanzen

Der Zentralismus wurde in den Dekretalenkommentaren des Spätmittelalters zementiert: Da die Verehrung eines Heiligen für die ganze Kirche geboten werde, so stellte Sinibaldo Fieschi (später Innozenz IV., 1243–1254) fest, könne dies ausschließlich durch den Papst als universale Leitungsinstanz erfolgen. Je formalisierter das Verfahren verlief, desto größer wurde aber die Sorge, ob die Kirche auch immer die richtige Entscheidung traf, d. h. ob sie nicht Heilige übersah und zu kanonisieren vergaß oder – was gravierender wäre – ob sie einen falschen Heiligen proklamierte. Während Theologen wie Thomas von Aquin auf der Irrtumslosigkeit der Kirche insistierten und eine fehlerhafte Kanonisation für fatal hielten, weil das Gebete zu falschen, d. h. ohnmächtigen «Heiligen» provozieren würde, sahen Juristen wie der Kommentator der Dekretalen, Hostiensis, die Angelegenheit entspannter:

> Selbst wenn die Wahrheit der Kanonisation fehlerhaft ist, wird dadurch der Glaube des Beters nicht fehlerhaft. (*In III librum decretalia commentaria*)

In der Diskussion über die Möglichkeit einer fälschlichen Kanonisation spiegelt sich die Ambivalenz der beiden entscheidenden Kriterien für einen Heiligen: heroische Tugend im Leben (*virtus morum*) und postmortale Wunder (*virtus signorum*), wie sie Innozenz III. in der Kanonisationsbulle für Homobonus von Cremona (1199) notierte. Ein betrunkener Schwede mochte für einen Wundertäter gehalten werden, war deshalb aber noch lange kein Heiliger; und ob ein Mensch tatsächlich aus tiefstem Herzen – und nicht nur aus Berechnung – ein tugendhaftes Leben führte, war von außen schwer zu beurteilen. Wunder waren im Zweifelsfall das besser handhabbare Kriterium, wie es ein Kardinal mit Bezug auf die Kanonisation von Papst Coelestin V. (gest. 1296), der als heiligmäßiger Eremit 1294 den Petrusthron bestiegen, dann aber wieder abgedankt hatte, ausdrückte:

Ein Mensch, der in diesem Leben als Heiliger gilt, kann später als sehr unheilig erscheinen. Nach dem Tod gewirkte Wunder sind dagegen ein schlagender Beweis für ein bis zum Ende gutes, heiligmäßiges Leben.

Praktisch traten damit die *miracula* in den Vordergrund – auch bei einer diakonisch tätigen Heiligen wie Elisabeth. Die Beurkundung «authentischer» Wunder ließ den breiteren Strom populär überlieferter Wunder allerdings nicht versiegen. Jenseits aller kanonistischen Präzision blieb es in der mittelalterlichen Volksfrömmigkeit dem einzelnen Gläubigen überlassen, welchem oder welcher Heiligen er ein individuell erlebtes, vielleicht auch nur von Dritten berichtetes *signum* zuschrieb.

Mit dem Verfahren wandelte sich das Bild der Heiligen im Sinne des oben skizzierten Umschwungs zu Asketen und Angehörigen der Bettelorden. Dieser Wandel wurde von Entwicklungen der Frömmigkeit und Kirchenpolitik ebenso beeinflusst wie von dem Bedürfnis der kurialen Juristen, eine halbwegs objektive Methode zur Feststellung von Heiligkeit zu besitzen. Der Zug zum Zentralismus ist dabei unübersehbar: Ungeachtet der allerorts erblühenden Kulte reihte sich die Heiligsprechung in den normalen Instanzenzug der römischen Kirche ein, in der definitive Entscheidungen generell nur vom Papst zu treffen waren. Die geringe Zahl von Heiliggesprochenen im Mittelalter belegt, dass sich das neue Verfahren vor allem als Mittel zur *Verhinderung*, nicht zur Förderung von approbierter Heiligkeit erwies.

Zwischen 1198 und 1431 wurden 71 Kanonisationsgesuche an die Kurie gerichtet, von denen lediglich 33 in eine Heiligsprechung mündeten. Manche Verfahren wurden aus politischen Gründen verzögert, so z. B. unter dem von einem Schisma geprägten Pontifikat Alexanders III.: Malachias von Armagh musste bis 1190 warten, weil der Papst angeblich meinte, mit dem 1174 kanonisierten Bernhard von Clairvaux seien die Zisterzienser ausreichend bedient. Erzbischof Thomas Becket von Canterbury drängte 1163 auf die Heiligsprechung seines großen Vorgängers Anselm (1033–1109), der aber als Symbolfigur des Investiturstreits das Einvernehmen zwischen Papst und englischem König zu stören drohte und erst im Spätmittelalter (1494) zu den Ehren der Altäre erhoben wurde. Schnelle Kanonisationen wie bei Franziskus, Dominikus und Elisabeth blieben die Ausnahme. Hochadlige Familien, aber auch die neuen Bettelorden erwiesen sich unter diesen Voraussetzungen als die erfolgreichsten «pressure groups». Heilig wurde, wer dem religiösen Leitbild Roms entsprach oder etwaige päpstliche Vorbehalte durch Überzeugungskraft und finanzielle Mittel überwinden konnte. Allein die wachsende Dauer der Prozesse und die dabei anfallenden Gebühren ließen die Zahl der Kanonisationsbegehren zurückgehen. Dass es auch heute noch ein teures Vergnügen ist, einen Heiligen kreieren zu lassen, belegt das Bonmot eines Kanonisten: «Una causa povera è una povera causa» – ein (finanziell) unzureichend gepolsterter Antrag sei, was die Erfolgsaussichten angehe, übel dran.

Päpstliche Initiativen zur Kanonisierung sind im Mittelalter an einem Finger abzuzählen: Nur Leo IX. (1049–1054) veranlasste 1050 die Heiligsprechung Gerhards, seines Vorgängers als Bischof von Toul. Da Leo auch nach der Papstwahl sein Bistum behalten hatte, konnte in diesem Fall nicht – wie üblich – der amtierende Bischof an den Papst ein Gesuch um Kanonisierung richten; denn Leo hätte ja die Bitte an sich selbst adressieren müssen! Der künftige Heilige selbst griff helfend ein: Einem Mönch teilte Gerhard im Traum mit, er weile schon unter den Heiligen und wandle im Angesicht des Herrn. Die unter Leos Vorsitz tagende Bischofssynode erklärte den Bericht für glaubwürdig, so dass Leo (nunmehr als Papst) den neuen Heiligen proklamieren konnte.

Für die Päpste selbst brachte die Zentralisierung des Verfahrens keinen Vorteil auf dem eigenen Weg zur Heiligkeit. In mittelalterlichen Katalogen aus römischen und auswärtigen Kirchen gelten beinahe alle Päpste bis zur karolingischen Zeit als heilig, während man sie im zweiten Jahrtausend mit der Lupe suchen muss. Lediglich Leo IX. – nicht durch ein förmliches Verfahren, sondern *per viam cultus* – und Coelestin V. (1313) wurden im Mittelalter kanonisiert, in der Neuzeit Pius V. (1566–1572, heilig 1712) und Pius X. (1903–1914, heilig 1954). Die Heiligkeit aller Päpste qua Amt, die Gregor VII. (1073–1085) im *Dictatus papae* von 1075 behauptet hatte (Satz 23: «Dass der römische Bischof, sofern er kanonisch in sein Amt eingesetzt wurde, durch die Verdienste des seligen Petrus unbezweifelbar heilig ist»), konnte sich nicht durchsetzen: Dass jemand zu Lebzeiten den Ruf der Heiligkeit erwarb, war (und ist bis heute) ausgeschlossen. Zwar wurde dem Papst eine gewisse «Amtsheiligkeit» attestiert, da er von Petrus die Binde- und Lösegewalt empfangen hatte und schon auf Erden mit himmlischer Wirkung das Heil vermitteln oder verweigern konnte. Die «Verdienste des seligen Petrus» schützten das Amt des Papstes theoretisch sogar vor unwürdigen Inhabern, die es im Mittelalter tatsächlich immer wieder gab. Doch führte diese spezifische Form von Heiligkeit nicht zu einer liturgischen Memoria oder zu Patrozinien. Die Anrede «Heiliger Vater» für einen lebenden Papst ist daher von dem formellen Spruch in einem Heiligsprechungsverfahren zu unterscheiden. Allerdings könnte sich die Zahl heiliger Päpste in näherer Zukunft erhöhen, nachdem im September 2000 Pius IX. (1846–1878) und Johannes XXIII. (1958–1963), die Initiatoren der beiden vatikanischen Konzile der Neuzeit, seliggesprochen wurden. Johannes Paul II. (1978–2005) wurde schon bei seiner Trauerfeier als heilig akklamiert («santo subito!»), und Ende 2009 machte das Konsistorium unter Benedikt XVI. mit der Feststellung des «heroischen Tugendgrades» bei seinem Vorgänger (und bei Pius XII.) den Weg für eine baldige Seligsprechung frei.

Für die im Hoch- und Spätmittelalter weiterhin praktizierten bischöflichen Erhebungen bürgerte sich die Bezeichnung *beatificatio* (Seligsprechung) als Einführung eines lokal begrenzten Kultes ein, im Unterschied zur *canonisatio* (Heiligsprechung) für einen in der ganzen Kirche geübten Kult. Die Übergänge im Spätmittelalter waren noch fließend; die meisten Kulte eines *beatus* oder einer *beata* resultierten aus einem in Rom abgelehnten Kanonisationsgesuch, woraufhin die «Seligen» ohne eigene Messe oder Patrozinium, aber mit großer Inbrunst verehrt wurden. Erstmals approbierte Sixtus IV. (1471–1484) ausdrücklich den Kult eines Seligen (Giovanni Bono), und Leo X. (1513–

1521) verbot, «jemanden ohne Autorisierung des Heiligen Stuhls als selig zu verehren». Im 17. Jahrhundert entwickelte sich unter Papst Urban VIII. (1623–1644) das bis heute gültige Zwei-Stufen-Verfahren, bei dem die Seligsprechung der Heiligsprechung vorausgeht, allerdings auf ein Bistum oder eine Ordensgemeinschaft begrenzt.

Auch der päpstliche Heiligsprechungsprimat wurde durch Urban weiter befestigt. Als entscheidende Anforderung blieb zwar die *fama sanctitatis* bestehen, diese wurde aber streng von einem sich darauf beziehenden öffentlichen Kult unterschieden.

Ging es bisher im wesentlichen darum, die Verehrung, die einem Diener Gottes vom gläubigen Volk erwiesen wurde, zur Feststellung ihrer Rechtmäßigkeit durch die kirchliche Autorität bestätigen zu lassen, so durfte inskünftig eine solche Verehrung erst dann einem Diener Gottes überhaupt erwiesen werden, nachdem sein heroisches Tugendstreben und sein Vorbildcharakter prozessual bewiesen waren. (Winfried Schulz)

Ein Heiliger, der spontan – ohne römische Approbation – verehrt wurde, war verdächtig. Das spiegelte den konsequent juristischen Charakter des Verfahrens: Methodisch wurde unterstellt, der Kandidat sei möglicherweise gar nicht einer Heiligsprechung würdig; und solange nicht das Gegenteil erwiesen war, konnte die Verehrung guten Gewissens nicht stattfinden. Das Verfahren wurde durch eine Untersuchung *super non cultu* ergänzt, die die *Nicht*-Verehrung feststellen musste. Ausnahmen gab es nur, wenn bereits hundert Jahre vor dem fraglichen Erlass – d. h. vor 1534 – ein Kult bezeugt war. Der Heiligsprechungsprozess sollte Zweifel an der heroischen Ausübung der christlichen Tugenden sowie an den berichteten Wundern ausräumen, was zu einer paradoxen Situation führte: Nur wer heilig *war*, hatte hiernach die Chance, ein Heiliger oder eine Heilige zu *werden*; und nur wer noch keine Verehrung genoss, konnte zum Gegenstand eines offiziell approbierten Kultes werden. Weshalb ohne bestehende Verehrung ein Heiligsprechungsverfahren überhaupt in Gang gebracht werden sollte, sagten die kurialen Juristen der Neuzeit nicht.

Die Folgen des 2. Vatikanums

Die Sammlung und Normierung des römisch-katholischen Kirchenrechts im *Corpus Iuris Canonici* (CIC) von 1917 blieb noch ganz in den von Urban VIII. gesteckten und von Benedikt XIV. befestigten Bahnen. Erst nach dem Zweiten Vatikanischen Konzil (1962–1965) wurde eine grundlegende Neuordnung des Heiligsprechungsverfahrens in Angriff genommen und dafür die *Congregatio pro causis Sanctorum* aus der Ritenkongregation ausgegliedert. Die Apostolische Konstitution *Divinus perfectionis Magister* (1983) beließ das Vorrecht der Kanonisierung auf kurialer Seite, jedoch wurde statt der prozessualen eher die narrative Dimension betont und der Akzent auf historische Erhebungen über das Leben der Kandidaten statt auf gerichtsähnliche Zeugenverhöre gelegt. Die Ortsbischöfe sollten mehr Gewicht im Verfahren haben, was allerdings noch nicht konsequent umgesetzt worden ist: Zwar kündigte Benedikt XVI. am 4. Mai 2005 an, Seligsprechungen künftig nicht mehr persönlich vorzunehmen. In der Praxis ernennt er bislang aber jeweils einen Legaten für die Seligsprechung, der meist der Präfekt der zuständigen Kongregation – und damit weiterhin ein Mitglied der Kurie ist.

Im Folgenden seien kurz die Verfahrensschritte skizziert, bevor theologische Implikationen der Heiligsprechung nach römisch-katholischem Verständnis zu erläutern sind. Das Verfahren beginnt auf Diözesanebene damit, dass ein einzelner Gläubiger oder eine Gruppe (*actor*) die Initiative zur Kanonisation eines oder einer Verstorbenen ergreift. Die Führung des Verfahrens übernimmt zunächst der Ortsbischof. Ein Anwalt (*postulator*) stellt Informationen über Leben und Werk des Kandidaten zusammen; dann prüft ein *promotor iustitiae* in der Funktion eines Staatsanwaltes wiederum diese Vorlagen auf Stimmigkeit, Vollständigkeit und Rechtskonformität. Erst nach dessen positivem Urteil wird die Kurie informiert, von der freilich – z. B. aus Gründen der ökumenischen oder politischen Inopportunität – das Verfahren niedergeschlagen werden kann. Ist dies nicht der Fall, wird, noch unter Federführung des Diözesanbischofs, ein Dossier über den

Kandidaten erstellt, das aus Zeugenaussagen, seinen eigenen Schriften und vorhandenen oder neu angelegten Akten besteht; darüber hinaus wird auch die «Nicht-Verehrung» festgestellt.

Das Ergebnis wird sodann im zweiten Schritt der römischen Kongregation für die Heiligsprechung unterbreitet, die die begonnenen Verfahren (in der Reihenfolge des Eingangs) fortführt: Ein *relator* erstellt mit der sogenannten *positio* (den auf Diözesanebene gesammelten Akten) die materielle Grundlage für die folgenden Verfahrensschritte. Der *praelatus theologus* – der früher nur halb scherzhaft als *advocatus diaboli* bezeichnet wurde – lässt diese *positio* durch ein Theologengremium begutachten. Fällt dessen Votum positiv aus, wird die *positio* der gesamten Kongregation (d. h. den ihr angehörenden Kardinälen und Bischöfen) vorgelegt und von dieser an den Papst weitergeleitet. Nach dessen Zustimmung (für eine Ablehnung ist die Angabe von Gründen nicht erforderlich) wird als erstes Ergebnis ein «Dekret über die heroischen Tugenden» ausgestellt; der Kandidat ist nun bereits «Diener Gottes» (*servus Dei*) und «verehrungswürdig» (*venerabilis*). Allerdings muss für die Seligsprechung neben dem Ruf der Wundertätigkeit ein konkretes, nach dem Tod des Kandidaten geschehenes und beglaubigtes Wunder vorliegen. In der Regel handelt es sich dabei um medizinisch nicht erklärbare Heilungen, die eher als Visionen gerichtsfest festgestellt werden können. Häufig ist das Ausbleiben dieses Wunders der Grund für die jahre- oder jahrzehntelange Verzögerung der Seligsprechung eines Kandidaten mit einwandfreier *fama sanctitatis*. Die Heiligsprechung erfordert ein weiteres, erst nach der Beatifikation notifiziertes Wunder. Der Papst kann auf diese Forderungen allerdings auch verzichten; bei Märtyrern werden sie von vornherein nicht erhoben.

Die Apostolische Konstitution von 1983 nimmt an keiner Stelle explizit Bezug auf die Seligsprechung. Man hat dies als Offenheit für eine künftige Neuordnung des Verfahrens zur Seligsprechung interpretiert, was angesichts der kontinuierlich fortgesetzten Beatifizierungen nach herkömmlichem Muster aber wenig wahrscheinlich erscheint. In der Praxis ist die Seligsprechung nach wie vor die reguläre Vorstufe der Heiligsprechung, die bei Vorliegen eines zweiten Wunders auch schnell in die Wege geleitet zu werden pflegt. Die letzte Entscheidung hat aber stets der Papst, und ihm obliegt auch die Proklamation des neuen Heiligen im Petersdom oder vor Ort im Rahmen einer Pastoralreise. Erst danach darf der Heilige ohne Einschränkungen in der ganzen Kirche verehrt werden. In diesem Sinne müsste der 2000 seliggesprochene Papst Johannes XXIII., dessen Leichnam 2001 in den Petersdom überführt wurde, eigentlich in S. Giovanni in Laterano, seiner Bischofskirche in Rom, liegen. Bei einem Oberhirten der Weltkirche entbehrt – wie dieses Beispiel deutlich macht – die Zweistufigkeit von Selig- und Heiligsprechung nicht einer gewissen Künstlichkeit.

Ein Verfahren – viele Heilige

Was aber bedeutet es nach römisch-katholischem Verständnis, wenn ein Mensch kanonisiert worden ist? Der katholische Dogmatiker Wolfgang Beinert erläutert das Urteil im Kanonisationsverfahren anhand von drei Unterscheidungen:

1. Es sei «assertiv, nicht exklusiv» – im Himmel seien gewiss, aber nicht ausschließlich die kanonisierten Heiligen. Das lehramtliche Urteil über die Gottgefälligkeit eines Menschen gilt nur für einen konkreten Fall nachweislicher Heiligkeit, es wird damit keine Lebensform oder -haltung ein für allemal pauschal kanonisiert.
2. Das Urteil sei «permissiv, nicht iussiv» – es gestatte die Verehrung, schreibe sie aber nicht vor. Wie schon das Konzil von Trient (1545–1563) sie als «gut und nützlich», aber nicht als heilsnotwendig einstufte, so verbot auch der *Codex Iuris Canonici* von 1983 lediglich, andere als die «offiziellen» Heiligen zu verehren. Andererseits darf und soll (!) ein Heiliger in der ganzen Kirche verehrt werden. Hier liegt ein Problem in der großen Zahl von Heiligsprechungen in jüngster Zeit, die die Anzahl der verfügbaren Festtage im Kirchenjahr bei weitem überschreitet!
3. Schließlich sei das gefällte Urteil «eschatologisch, nicht historisch» – es beziehe sich auf das Ende des Heiligen, nicht auf

das ganze Leben, das stets auch von Sünde geprägt gewesen sei. Hier schlägt sich die oben genannte Akzentverschiebung von der juristischen zur narrativen Perspektive nieder: Ein Heiliger *ist* nicht einfach fertig da, er *wird* erst zu dem, der über den Tod hinaus als verehrungswürdig erscheint.

Beinert hat gewiss Recht, dass mit der 2002 erfolgten Heiligsprechung von Josemaria Escrivá y Balaguer (1902–1975) nicht auch das von ihm begründete Opus Dei «für Zeit und Ewigkeit aller Kritik enthoben» wird, um nur eine innerhalb wie außerhalb der römisch-katholischen Kirche umstrittene Heiligsprechung aus jüngerer Zeit zu nennen. Freilich wird mit jeder Kanonisation ein bestimmter Weg zur Heiligkeit empfohlen, der zwar nicht exklusiv gilt, aber doch auch nicht völlig ins Belieben gestellt ist, wenn es sich bei der Heiligsprechung um ein definitives lehramtliches Urteil handelt. Auch und gerade wer dem Opus Dei nicht nahe steht, wird in Josemaria Escrivá ein offiziell sanktioniertes Leitbild heiligmäßigen Lebens erkennen. Immerhin handelt es sich bei der Heiligsprechung um einen kooperativen Akt des Heiligungs-, Leitungs- und Lehramtes: In ihr treffen eine liturgische und eine kirchenleitende Handlung mit einem «definitiven Urteil über eine mit dem Glauben verbundene Wahrheit» zusammen. Das bedeutet aus römisch-katholischer Perspektive: «Eine Heiligsprechung ist ein in der fama sanctitatis [im Ruf der Heiligkeit] von dem sensus fidei fidelium [Glaubenssinn der Gläubigen] angeregter und getragener definitiver Akt des obersten Lehramtes» (Marcus Sieger). Anders als eine Seligsprechung, die vorläufigen Charakter trägt und im Prinzip zurückgenommen werden kann, ist die Heiligsprechung irreversibel und daher für jeden Katholiken glaubensverbindlich (*definitive tenenda*). Daher ist sie als definitive Äußerung des ordentlichen Lehramtes faktisch unfehlbar: Sie entspringt dem Glaubensbewusstsein der Christen als den Trägern der Unfehlbarkeit im Glauben (*in credendo*), die der Kirche verheißen ist, und wird vom Papst als Inhaber der personalen Lehrgewalt und damit der Unfehlbarkeit im Lehren (*in docendo*) verkündet (Alois Kardinal Grillmeier). Eine Heiligsprechung ist deshalb nicht ohne Bindung an eine partikulare Gemeinde oder Gemeinschaft denkbar, wirkt aber als Spruch der höchsten kirchlichen Instanz auf die Gesamtkirche zurück. Der faktische Pluralismus von Heiligentypen in der katholischen Frömmigkeit gehört also mit seiner zentralen Steuerung und Begrenzung zusammen – ein Phänomen, das uns in ökumenischem Kontext noch beschäftigen wird.

6. Die protestantische Perspektive

Reformatorische Kritik

Wo ein Heiligsprechungsverfahren fehlt, muss man noch lange nicht auf die Heiligen verzichten. Die Kritik an der Praxis von Verehrung und Anrufung der Heiligen gehört zweifellos zur reformatorischen Distanzierung von der «altgläubigen» Kirche, der Luther und seine Mitstreiter vorwarfen, statt auf Gott ihre Hoffnung auf (heilige) Menschen zu setzen und von diesen durch Ablässe, Wallfahrten und Prozessionen Heilsvermittlung zu erwarten. Aber die evangelische Bewegung besaß auch ihre eigenen Vorbilder in Glauben, Leben und Leiden: Als 1523 zwei Augustinermönche, die in Luthers Sinne gepredigt hatten, in Brüssel hingerichtet wurden, setzte er den Märtyrern der evangelischen Sache sogleich mit seiner Komposition «Ein neues Lied wir heben an» ein Denkmal.

Der Heiligen zu gedenken ist auch ein Anliegen der *Confessio Augustana* von 1530, die bis heute die grundlegende Bekenntnisschrift der lutherischen (und vieler anderer evangelischer) Kirchen darstellt. Für den Augsburger Reichstag von 1530 wurde sie als Grundlage einer Verständigung mit den «Altgläubigen» verfasst. Dabei zählt die Heiligenverehrung ausdrücklich zu den Punkten, in denen ein Konsens erreichbar erschien:

> Vom Heiligendienst wird von den Unseren so gelehrt, dass man der Heiligen gedenken soll, damit wir unseren Glauben stärken, wenn wir sehen, wie ihnen Gnade widerfahren und auch wie ihnen durch den Glauben geholfen worden ist; außerdem soll man sich an ihren guten Werken ein Beispiel nehmen, ein jeder in seinem Beruf. (Artikel 21)

Hingegen darf man die Heiligen nicht um Hilfe anrufen, kennt die Heilige Schrift doch Jesus Christus als «einzigen Versöhner und Mittler zwischen Gott und den Menschen» (1. Timotheus 2,5). Die Heiligen sind Menschen, in denen die Gnade Gottes beispielhaft wirkt, aber sie überbringen nicht die Gebete anderer Christen an Gott. Der Verfasser, Philipp Melanchthon (1497–1560), betrachtete die erstgenannte Bedeutung der Heiligen als ursprünglichen Sinn ihrer Verehrung – und als Beispiel dafür, dass die Reformatoren in Übereinstimmung mit der Tradition der (alten) Kirche standen. Das konnte und sollte das Gedenken der Toten als Teile der «Gemeinschaft der Heiligen» einschließen, in Analogie zum Gedenken Christi. Das bedeutete aber, *memoria Christi* und *memoria sanctorum* vom feierlichen Erinnern griechischer Heroen wie Herkules und Odysseus zu unterscheiden und sich auf Christi heilvolles Handeln an Menschen zu konzentrieren (*Apologia Confessionis Augustanae* 24,72). Unter diesen war aber an manchen das Wirken Gottes in besonderer Weise wahrzunehmen, und so konnten und sollten sie als Heilige ein ehrendes Gedenken finden.

Zu der rechtgläubigen und daher zu pflegenden Tradition gehörte dagegen nicht die Heiligen*anrufung*. Melanchthon klagte, die altgläubigen Kritiker hätten nur diese im Blick und vernachlässigten darüber, dass es um die Heiligen*verehrung* eigentlich gar keinen Streit geben müsse. Das wahre Gedenken der Heiligen sei nämlich in dreifacher Weise nützlich: zur Danksagung für die Gaben, die Gott bestimmten Menschen verliehen habe, zur Stärkung unseres Glaubens und zu ihrer Nachahmung in Glauben und Leben (*Apologia Confessionis Augustanae* 21,4–7). Dabei solle sich «ein jeder in seinem Beruf» an ihnen ein Beispiel nehmen – also nicht durch Weltflucht oder Asketentum, sondern durch Leben des Glaubens im Alltag, d. h. an dem Ort, wohin Gott den einzelnen Menschen gestellt hat. Einzelne Glaubenshelden aus dieser Alltäglichkeit auszusondern, ihnen durch eine förmliche Kanonisation ein für allemal Heiligkeit zuzusprechen und sie damit nicht nur als Vorbilder, sondern als Gegenstand der Anrufung anzusehen – dagegen wandte sich die evangelische Theologie entschieden. Auch die anderen aus der Reformation hervorgegangenen Kirchen legten sich in dieser Weise fest, wie z. B. die *39 Artikel der Kirche von England* (1571), die *Confessio Gallicana* (1559) und die *Confessio Helvetica posterior* (1566) zeigen.

Die Heiligenverehrung gehörte zu den Auslösern der Reformation und blieb eines der zentralen theologischen und frömmigkeitspraktischen Themen, an denen sich die Geister schieden. Martin Luther (1483–1546) datierte seine 1517 verfassten 95 Thesen, die sich gegen das päpstlich sanktionierte Ablasswesen richteten, nicht zufällig auf den Tag vor Allerheiligen. Durch den Erwerb von Ablässen, die man für das Pilgern zu Heiligengräbern und Reliquienschreinen erhielt, konnte die dem sündigen Menschen drohende Reinigungszeit im Fegefeuer merklich verkürzt werden. Ziele solcher Wallfahrten waren Rom, Jerusalem, Santiago de Compostela (mit dem Grab des Jakobus, des Bruders Jesu), aber auch die Elisabethkirche in Marburg oder das brandenburgische Wilsnack, wo im Spätmittelalter eine blutende Hostie verehrt wurde. In Wittenberg konnte man an Allerheiligen 1517 einen *ad instar*-Ablass erwerben, d.h. einen stellvertretend für einen Besuch der Portiuncula bei Assisi gewährten Ablass, wodurch man sich die lange und kostspielige Wallfahrt nach Italien ersparte. Kurfürst Friedrich der Weise (1463–1525) hatte einen gewaltigen Reliquienschatz aufgehäuft, dessen «Heiltum» den Pilgern einen außergewöhnlichen Sündenablass in Aussicht stellte.

Der unmittelbare Anlass für Luthers Kritik war die Möglichkeit, nicht nur durch längere oder kürzere Wallfahrten, sondern auch gegen bares Geld den Ablass zu erwerben – und zwar sogar für Verstorbene. Im Hintergrund stand dabei die im 13. Jahrhundert entwickelte Lehre vom «Schatz der Kirche» (*thesaurus ecclesiae*), der aus den überschüssigen Verdiensten der Heiligen bestehe, die für ihr eigenes Heil mehr als nötig getan hätten und deshalb den Gläubigen davon abgeben könnten. Die Kirche als Institution verwaltete diesen Schatz und setzte die Bedingungen fest, nach denen die Gläubigen daran partizipieren konnten. Luthers Widerspruch entzündete sich daran, dass der Papst sich anmaße, Sündenstrafen gegen Geld zu erlassen, die er selbst nicht verhängt habe. Darüber hinaus beklagte Luther, dass der Ablass die Christen dazu verführe, sich auf die Fürbitte der Heiligen zu verlassen, und sie so davon abhalte, selbst Buße für ihre Sünden zu tun und auf die Vergebung Gottes zu hoffen. Er wandte sich nicht gegen die Heiligenverehrung als solche, solange man Gottes Wirken in seinen Heiligen lobte. Heilig waren diese Menschen aber nicht, weil sie ein untadeliges Leben geführt hatten, sondern weil sie *als Sünder* exemplarisch Gottes Gnade an sich erfahren durften. Überschüssige Verdienste waren damit ausgeschlossen, und es war nutzlos, sich von Geldzahlungen die Fürbitte der Heiligen für das eigene Heil zu versprechen. Das galt ebenso für Wallfahrten: Seine altgläubigen Gegner provozierte Luther in einer Predigt von 1522 mit seiner Äußerung über das Jakobsgrab in Santiago de Compostela, man wisse nicht, «ob Sankt Jakob oder ein toter Hund oder ein totes Ross da liegt», so dass zu folgern sei: «Lass reisen, wer will, bleib du daheim!» (WA 10/III, 235,10–17). Das Bitten um zeitliche Güter und die Zuständigkeiten der Heiligen für bestimmte Lebensbereiche sah Luther als Aberglauben an. Als Dank für die von den Heiligen gewährte Hilfe Gelübde abzulegen – was er einst selbst im Gewitter bei Stotternheim getan hatte, als er der Mutter Marias, der heiligen Anna, versprach, Mönch zu werden –, lehnte er nun gleichfalls ab: Hilfe komme nur von Gott, nicht von den Heiligen. Ob ein Mensch heilig sei, könne nur Gott, nicht der Papst beurteilen. Daher rührte die heftige Polemik gegen die 1524 vollzogene Erhebung der Gebeine Bennos von Meißen im benachbarten herzoglichen Sachsen. Solche Kritik führte dazu, dass die altgläubige Seite die Heiligsprechung im Gegenzug als unfehlbar darstellte: «Es ist definitiv zu glauben, dass der Papst bei der Kanonisation von Heiligen nicht irren kann», so Kardinal Robert Bellarmin (1542–1621). Doch konnte Luther auch positiv formulieren:

> Ich glaube allerdings, Sankt Elisabeth zu Marburg sei heilig, ebenso S. Augustinus, Hieronymus, Ambrosius, Bernhard, Franziskus, aber ich will darauf nicht sterben und mich verlassen. Mein Glaube soll gewiss sein und seinen sicheren Grund in der Schrift haben. («Wider den neuen Abgott zu Meißen», 1524; WA 15, 194,36–195,3)

Besonders Elisabeth von Thüringen genoss seine hohe Wertschätzung. Bei Tisch benutzte Luther einen «Elisabeth-Becher», der aus der Auflösung des Wittenberger Heiltumsschatzes nach dem Tod Friedrichs des Weisen stammte. Luther brachte die Reliquie zurück in den Alltagsgebrauch, indem er daraus trank – und zwar nicht in asketischer Weise Wasser, sondern Bier. Diese Profanierung entsprach seinem Verständnis von der Heiligkeit Elisabeths, die sich für ihn aus ihrem karitativen Tun im Marburger Hospital herleitete. In einer weiteren Predigt von 1522 zitierte Luther ihre Kritik an einer mit Passionsszenen prächtig ausgemalten Klosterkirche: Die Nonnen hätten eher Arme speisen als Wände bemalen sollen. Dann heißt es bei ihm:

> Sieh an, was das für ein einfältiges, göttliches und kräftiges Urteil über Dinge ist, die jedermann als köstlich erachtet. Wenn sie jetzt so redete, würden sie die Papisten gewiss verbrennen, weil sie Christi Leiden lästert und gute Werke befürwortet: Sie muss eine Ketzerin sein, und wäre sie zehnmal eine Heilige! (WA 10/I,1, 258,3–7)

Eine Heilige nach evangelischem Verständnis konnte aus römischer Sicht nur eine Häretikerin sein. Diese Aussagen deuten die Verschärfung der Kritik an der Heiligenverehrung in ihrer mittelalterlichen Gestalt an. Die von Luther anfangs akzeptierte Anrufung der Heiligen um geistliche Güter – und sei es nur um der «Schwachen» in den Gemeinden willen (1. Korinther 8,7–13) – lehnte er nun vollständig ab. Eine Heiligenverehrung wäre nur statthaft, wenn allein Christus als Mittler und Erlöser die Ehre gegeben würde – genau dies hielt Luther aber für unrealistisch. Um für Klarheit zu sorgen, entfernte er 1523 die meisten Heiligenfeste aus der Liturgie, so z. B. Mariae Geburt, Allerheiligen und Allerseelen, und beließ nur Festtage, die als Christusfeste zu verstehen waren, wie Johannis, Michaelis, aber auch Mariae Verkündigung und Heimsuchung. Auch als Vorbilder wollte er die Heiligen nur noch bedingt ansehen: Heilige seien Sünder wie alle Menschen gewesen und würden nicht aufgrund ihrer Werke, sondern allein aus Gnade als heilig angesehen – ihren Werken nachzueifern, könne, ja müsse daher in die Irre führen. Das gelte sogar für evangelische Märtyrer, deren Leidensbereitschaft ein Zeichen ihres von Gott geschenkten Glaubens sei, aber kein selbst erworbenes Verdienst. Sein Verständnis von Heiligkeit brachte Luther 1528 in einer Predigt konzise zum Ausdruck:

Die rechten Heiligen Christi müssen gute, starke Sünder sein und solche Heilige bleiben, die sich nicht schämen, das Vaterunser zu beten und zu sagen: ‹Geheiligt werde dein Name, dein Reich komme, vergib uns unsere Schuld› etc., womit wir bekennen, dass Gottes Name nicht so in uns geheiligt wird, wie es sein soll, noch sein Reich kommt oder sein Wille geschieht. Darum heißen sie heilig: nicht weil sie ohne Schuld sind oder durch Werke heilig werden, sondern [es liegt nur an] dem Wechselspiel, dass sie für sich mit all ihren Werken nichts als Sünder und Verdammte sind, aber durch fromme Heiligkeit heilig werden, nämlich durch die des Herrn Jesus Christus, die ihnen durch den Glauben geschenkt und zu Eigen wird. (WA 28, 177,28–178,26)

Das heißt, dass die Heiligen sich grundsätzlich nicht von anderen Christen unterscheiden, insofern sie alle gemeinsam die eine *communio sanctorum* bilden. Zu dieser gehören auch die Verstorbenen; eine Gemeinschaft der Christen über den Tod hinaus lehnte Luther nicht ab. Aber eine vorrangige Rolle spielen sie nach seiner Auffassung nicht. Wichtiger ist die Heiligkeit der Lebenden, die von Gott geschenkt wird und sich im «Beruf», d. h. inmitten des Lebens, zu bewähren hat. Daher forderte Luther, die Christen sollten sich «von den verstorbenen Heiligen im Himmel abwenden und zu den Heiligen auf Erden kehren. Das gefällt Gott, und das hat er geboten» (WA 15, 192,16–19). Und in den «Schmalkaldischen Artikeln» (1537) äußerte er die Hoffnung:

Wenn nun diese abgöttische Verehrung der Engel und der toten Heiligen beseitigt wird, wird die andere Verehrung [als Vorbilder] ohne Schaden sein, ja bald vergessen werden. Denn wenn Nutzen und Hilfe, leibliche und geistliche, nicht mehr zu erhoffen sind, werden sie die Heiligen im Grab und im Himmel gewiss unbehelligt lassen. Denn umsonst oder aus Liebe wird ihrer niemand viel gedenken noch sie achten oder verehren.

Exempla fidei

Hierin irrte Luther. Der Heiligen wurde von Protestanten im 16. Jahrhundert durchaus gedacht. Luther selbst galt schon der nachfolgenden Generation als «Sankt Martin von Wittenberg», wie die Predigten des Cyriakus Spangenberg aus den 1560er Jahren, der in der pommerschen Agende von 1569 vorgesehene «Martini-Tag» und das in der Kirchenordnung für Brandenburg und Nürnberg (1591) bezeugte «Gedächtnis des seligen (!) Lutheri» zeigen. Unmittelbar nach der Verhängung der Reichsacht auf dem Reichstag zu Worms (1521) kam eine *Passio doctoris Martini Lutheri* in Umlauf, die seinen Auftritt vor dem Kaiser in Form einer Paraphrase der biblischen Passionsgeschichte darbot. Die Hinrichtung traf hier nicht den Menschen, sondern seine Schriften, die verbrannt wurden, flankiert – wie Jesus von den beiden Schächern – von den Büchern seines Wittenberger Mitstreiters Andreas Karlstadt und des Humanisten Ulrich von Hutten!

Luther selbst bekundete in seinem «Sermo vom Leiden und Kreuz» (1530), als evangelischer Christ habe er in dieser bösen Zeit gar nichts anderes zu erwarten als das Martyrium:

> Wohlan, will ich ein Christ sein, muss ich die Hoffarbe tragen; der liebe Christus gibt an seinem Hofe kein anderes Gewand aus. Es muss gelitten werden. (WA 32, 29,30–33)

Dabei war – entsprechend dem oben skizzierten Verständnis von Heiligkeit – der augustinische Grundsatz wichtig: «Nicht die Strafe, die Anklage macht den Märtyrer!» (WA 51, 402,12–15). Denn auch der apokalyptische Prediger Thomas Müntzer (1489–1525) wurde nach seinem Tod im Bauernkrieg als Märtyrer verehrt. Das Kriterium der «frommen, gerechten und ehrbaren Sache» griffen die Magdeburger Zenturien auf, der großangelegte Versuch einer reformatorischen Universalgeschichtsschreibung (1559–1574): Nicht das Martyrium als isoliertes Ereignis, sondern das Einstehen für die Sache Christi – das zum Tod führen konnte, aber auch und zuerst im Leben erfolgen sollte – galt hier als Indiz der Heiligkeit (die man daher auch bei Gestalten des Mittelalters entdecken konnte). Mehr noch als die lutherischen Theologen betonten die Zürcher und Genfer Reformatoren um Huldreich Zwingli (1484–1531) bzw. Johannes Calvin (1509–1564) die Heiligung des Lebens statt des Gedenkens der Verstorbenen: Hier – und auch im Einflussbereich des

Heidelberger Katechismus von 1563 – «versiegt die Spur der Heiligentage» (Gerhard Knodt).

Als *exempla fidei* traten die Heiligen hingegen nicht nur in den lutherischen Bekenntnisschriften, sondern auch in Kirchenordnungen wie den Hamburger Artikeln von 1535 auf. Nach der *Confessio Augustana* diente das Gedenken der Heiligen dazu, Gott Dank zu sagen für sein Wirken in Menschen, den eigenen Glauben zu stärken und zur Nachahmung ihrer Standhaftigkeit, d. h. zur *imitatio Christi* in Wort und Tat anzuleiten. Um in den Kirchen von den «Aposteln, Märtyrern, Bischöfen und heiligen Vätern der Alten Kirche» predigen zu können, verfasste der Lübecker Superintendent Hermann Bonnus 1539 eine Anthologie solcher Exempel. Weitere folgten: In Wittenberg veröffentlichten 1544 Georg Major eine Sammlung von *Vitae Patrum* (in Anlehnung an das mittelalterliche Standardwerk) und Georg Spalatin ein Sammelwerk mit Lebensbeschreibungen und Passionen. Paul Eber ließ ein *Calendarium Historicum* (1550) folgen, an das sich die Heiligenkalender von Kaspar Goltwurm (1559), Andreas Hondorff (1573) und Abraham Saur (1582) anschlossen. Ludwig Rabus publizierte schließlich zwischen 1552 und 1558 eine lutherische Martyrologie in acht Bänden: «Der Heyligen außerwoehlten Gottes Zeügen / Bekennern und Martyrern [...] Historien». Für den Bereich der französischen und englischen Reformation bildeten die Werke von Jean Crespin (*Le livre des martyrs, qui est un recueil de plusieurs martyrs, qui ont enduré la mort pour le nom de nostre Seigneur Jésus Christ*, 1554) und John Foxe (*Acts and Monuments of these latter and perilous dayes*, 1563) den Anfang einer langen Tradition protestantischer Martyrologie.

Dabei lassen sich zwei verschiedene Erinnerungskonzepte identifizieren: «Gegengeschichte» und «Eigengeschichte» (Thomas Fuchs). Einerseits wurden reformatorische Märtyrerkataloge erstellt, in die alle aufgenommen wurden, die aus irgendeinem Grund von der Kirche verfolgt worden waren. Dazu zählten die Katharer, die man schon deshalb als Geistesverwandte ansah, weil sie Feinde der römischen Kirche gewesen waren, aber auch «Vorreformatoren» wie Jan Hus, der 1415 auf dem Konzil von Konstanz wegen seiner Kritik an der Papstkirche verbrannt worden war. Andererseits wurden eigene Entwürfe einer Heiligen-Memoria erstellt, wobei den Märtyrern besonderes Gewicht zukam, weil die Geschichte der Heiligen Zeugnis ablege, wie Gott die Kirche durch alle Verfolgungen hindurch erhalten habe. Im ersten Fall existierte die wahre Kirche außerhalb (in den Dissidenten und Opfern), im zweiten Fall innerhalb der Geschichte der Kirche (in den wenigen vorbildlichen Christen unter den «Papisten»). Bezeichnend ist, dass Martyrologien vor allem dort entstanden, wo Protestanten in der frühen Neuzeit Verfolgungen erleiden mussten (im französischen und englischen Sprachraum). Für das Luthertum im Deutschen Reich hingegen flaute mit dem Augsburger Religionsfrieden (1555) die unmittelbare Bedrohung ab, so dass hier die «Eigengeschichte» in den Vordergrund trat, d.h. der Heiligenkalender statt der Märtyrerakte.

Wie Hagiographie auch im protestantischen Bereich dabei helfen konnte, die politisch und religiös anfechtungsreiche Gegenwart zu bewältigen, zeigt sich an der Neuschaffung eigener reformatorischer Heiliger im Zeitraum zwischen Luthers Tod und dem Friedensschluss von Augsburg, einer Zeit der Diadochenkämpfe um Luthers Erbe. Kurz nach dem Schmalkaldischen Krieg (1546/1547), in dem Kaiser Karl V. die protestantischen Fürsten vernichtend geschlagen hatte, schrieb Erasmus Alber einen fiktiven Dialog zwischen dem verstorbenen Luther und seinem Landesherrn, dem Kurfürsten Johann Friedrich (1503–1554), der in der Schlacht bei Mühlberg verwundet und gefangengenommen worden war:

Luther: Gnädiger Herr! Wie kommen Eure Gnaden zu den Wunden unter Euer Gnaden Angesicht? Und wo schlägt man solche Zeichen? *Kurfürst:* Ja, Herr Doktor, zu Mühlberg an der Elbe, in der werten Stadt. *Luther:* Ich meinte, ihr hättet sie vom Türken bekommen. *Kurfürst:* Weder Türken, Tataren, Italiener oder Spanier haben mir das jemals zugemutet, sondern Gott und das lutherische Evangelium haben mir das Leibzeichen auf die Backe gedrückt. *Luther:* Ja, so ist es Christus und allen seinen Christen ergangen.

Der Kurfürst als evangelischer Märtyrer beweist, dass die Protestanten auf der richtigen, nämlich der standhaften und glaubensstarken Seite stehen. Es ist kein Zufall, dass in einer Zeit, in der die Fortdauer der reformatorischen Bewegung unsicherer denn je erschien, die ersten Versuche entstanden, eine Rechtfertigung des evangelischen Glaubens aus der Geschichte der Kirche, d. h. der Heiligen, heraus zu geben. Auch wenn diese Heiligen nicht angerufen wurden und von ihnen – jedenfalls offiziell – keine Reliquien verehrt wurden, war der Bruch der Reformatoren mit dem Mittelalter in Bezug auf das Heiligengedenken nicht so radikal, wie Luther selbst es 1537 prognostiziert hatte.

Die Gemeinschaft der von Gott Geheiligten

Der neuzeitliche Protestantismus setzte sich zwar kritisch mit der römisch-katholischen Heiligenlehre auseinander, übernahm aber trotzdem viele der mittelalterlichen Heiligentage in seine Agenden. Das Gedenken der Heiligen wurde auch in Liedern gepflegt: Trat durch den Dreißigjährigen Krieg die Martyriumsthematik in den Vordergrund (z. B. bei Paul Gerhardt), um in der Situation konkreter Not Hoffnung zu spenden, so stellte der Pietismus die himmlische Gemeinschaft der Heiligen, verbunden mit dem Hinweis auf Glaubenszeugen, denen im Leben nachzueifern sei, in den Vordergrund. Die Aufklärung des 18. Jahrhunderts sorgte für einen Rückgang der Heiligentage, allerdings nicht für einen glatten Bruch: Die Heiligenfeste wurden entweder ganz gestrichen oder auf Sonntage verlegt, die gemäß dem dritten Gebot geheiligt werden sollten, während Feiertage unter der Woche als menschliche Einrichtung und zudem als ökonomisch hinderlich angesehen wurden. Die historische und theologische Kritik an Wundern und (Aber-)Glauben in Heiligengeschichten ließ diese für eine moralische Unterweisung der Christen ungeeignet erscheinen.

Doch blieben Heilige und Märtyrer als «Zeugen der Wahrheit des Evangeliums» präsent und erfuhren in der Erweckungsbewegung und dem Neuluthertum des 19. Jahrhunderts eine neue Konjunktur, zumal bei dem Neuendettelsauer Pfarrer Wilhelm Löhe (1808–1872): Dieser führte die Marien- und Apostelfeste wieder ein, weiterhin Gottesdienste zu Gedenktagen für den Erzmärtyrer Stephanus, für Laurentius oder zu Allerheiligen. Mit dem Heiligengedenken anhand eines Kalenders verbanden sich die Lektüre kirchenhistorischer Biographien und eine darauf abgestimmte Bibellese. Mit dem 1868 erschienenen «Martyrologium» nahm Löhe eine traditionelle Literaturgattung wieder auf. Allerdings stand er vor dem Problem, Kriterien für evangelische Heilige zu finden: Nur Luther und Melanchthon schienen ihm sicher als solche zu gelten. Die Unmöglichkeit einer definitiven Kanonisation durfte seiner Auffassung nach jedoch nicht grundsätzlich verhindern, an die Glaubens- und Blutzeugen der Kirche zu erinnern – und zwar durchaus über konfessionelle Schranken hinweg, dafür mit gebührendem zeitlichen Abstand, in dem sich ein hagiographischer Konsens herausbilden könne.

In vielen evangelischen Kirchenordnungen und Agenden blieb – bis in die Gegenwart – das Heiligengedenken erhalten, ohne dass es ein geordnetes Verfahren dafür gegeben hätte. Die protestantische «Sehnsucht nach den Heiligen» (Hans-Martin Barth) entbehrt daher noch der theologischen Klarheit darüber, warum, wie und welche Heiligen evangelischerseits verehrt werden könnten oder sollten. Das betrifft die gottesdienstliche Praxis, insofern die gültigen Agenden Heiligenfeste in unterschiedlicher Anzahl vorsehen, und zwar nicht nur für biblische Heiligengestalten, sondern z. B. für Martin von Tours und Elisabeth von Thüringen. Damit verbunden ist die Frage nach den Auswahlkriterien des Evangelischen Namenkalenders, der in den 1930er Jahren auf Initiative der Berneuchener Bewegung entstand. Es betrifft auch die ökumenische Verständigung und tangiert last but not least die Auseinandersetzung mit populären Gedenkkulturen.

Die Gemeinschaft der Heiligen ist nach evangelischem Verständnis zuerst und vor allem die Gemeinschaft der von Gott Geheiligten, d. h. durch Wort und Sakrament mit Glauben Beschenkten (*Confessio Augustana*, Artikel 5 und 7). Diese Gemeinschaft reicht aber über die innerweltliche Geschichte hinaus, wie die Rede von der *Communio sanctorum* im Glaubensbekenntnis zeigt. Aus dieser Gemeinschaft fallen die im Glauben Verstorbenen nicht heraus. Insofern der christliche Glaube den Tod nicht als Ende der Beziehung zwischen Gott und den Menschen ansieht, sondern im Glaubensbekenntnis die Hoffnung auf die Auferstehung der Toten ausdrückt, wird an die Verstorbenen im Licht der Ostererfahrung erinnert, und als solche gehören sie bleibend zur Gemeinschaft der Heiligen. In diesem Sinne ist die Kirche tatsächlich als Raum und Zeit übergreifend zu denken. Die Gewissheit des Heils betrifft aber nur das «Dass» der fortwährenden Gemeinschaft lebender und verstorbener Heiliger, nicht das «Wie» deren konkreter Existenz.

Worüber gesprochen werden kann, ist das Leben *vor* dem Tod. Heiligkeit ist nicht ein Zustand, sondern eine Zuschreibung: Gott rechtfertigt den Sünder, der von sich aus seine Trennung von Gott – denn nichts anderes ist Sünde im Kern – nicht überwinden kann; er sieht den Unheiligen als heilig an. Luthers Sicht des Menschen als *simul iustus et peccator*, als Gerechtfertigter und Sünder zugleich, ist auch für das evangelische Verständnis von Heiligkeit maßgeblich: Der Mensch kann sich nicht selbst zu einem Heiligen *machen*. Er darf sich aber als ein von Gott Geheiligter *erkennen*. Das heißt: Der Christ ist davon entlastet, sein Heil selbst bewirken zu müssen, sei es durch «heroische Tugend», Askese oder Selbstaufopferung; er ist «ein freier Herr über alle Dinge und niemandem untertan». Die neu gewonnene Freiheit ist aber eine gebundene Freiheit. Der gerechtfertigte Sünder ist befreit zum Gehorsam gegenüber Gott und zum Dienst an seinem Nächsten, er ist «ein dienstbarer Knecht aller Dinge und jedermann untertan», so schrieb Luther 1520 in «Von der Freiheit eines Christenmenschen» (WA 7, 21,1–4). Gegenüber dem mittelalterlichen Verständnis von Heiligkeit als Ziel ernsthaften Strebens und als Quelle überschüssiger Verdienste (die dann den *Thesaurus ecclesiae* speisen) steht die «Heiligsprechung» in evangelischer Sicht als heilvolles Urteil Gottes über den Sünder also am Anfang und wird sich dann in dessen Leben als Gehorsam gegenüber Gott bewähren. Wie aber die Freiheit des Glaubens in ethisch verantwortliches Handeln umzusetzen ist, kann immer nur konkret entschieden werden. Es gibt also keine Richtlinien, wie «heiligmäßiges» Leben nach evangelischem Verständnis allgemein aussieht. Denn wie gesehen, kann und soll nach der *Confessio Augustana* jeder Mensch «in seinem Beruf» heilig werden, nicht durch einen bestimmten Lebensstil, sondern inmitten des individuellen und konkreten Alltags. Man muss darum nicht auf die Exempel der Märtyrer und Heiligen verzichten, jedoch gehören «in evangelischer Hagiologie paradigmatischer Gehalt und individuelle Gestalt zusammen» (Gunther Wenz). Nicht den *Heiligen* gilt die Nachfolge, sie provozieren vielmehr die Frage, was es bedeutet, *Christus* nachzufolgen. Daher spricht *Confessio Augustana* 21 von einer «Nachahmung zuerst des Glaubens und sodann der übrigen Tugenden»: Nicht das Handeln macht einen Heiligen, sondern die Glaubensmotivation zu diesem Handeln. Hier wird das Kriterium des Martyriums aus der Alten Kirche aufgegriffen und neu gefasst: Nicht die Strafe (und sei es freiwillig auf sich genommene Askese), sondern der Grund – nämlich der Glaube an den christlichen Gott – lässt einen Menschen zum Märtyrer werden.

Im Spannungsfeld der Konfessionen

Aus alledem folgt, dass in evangelischer Sicht ein Heiliger, dessen liturgisch gedacht wird, nur ein besonderer Fall des Christen überhaupt ist. Denn die Rechtfertigung des Sünders und die gebundene Freiheit des Gerechtfertigten gilt für alle Christen; alle sind «tapfere Sünder» und «seltsame Heilige». Das Gedenken einiger von ihnen bedeutet daher keine Abwertung der anderen und schon gar nicht die Privilegierung «heiligmäßiger» Lebensformen. Aber in der Geschichte der Kirche hat es *de facto* Christen gegeben, an denen ihre Zeitgenossen und die Nachgeborenen erkannt haben, was es heißt, aus dem Glauben als Gerechtfertigter zu leben; und es wäre unredlich gegenüber der geschichtlichen Wirklichkeit der Kirche, solche Erfahrungen zu bestreiten. Vielmehr gilt es, gemäß der *Confessio Augustana* Gott für solche Zeugen des Glaubens zu danken und von den

Heiligen zu lernen, und zwar durch kritische Auseinandersetzung mit ihrem Handeln und den Zeugnissen von ihrem Leben. Das muss nicht zur «Gegengeschichte» führen, derzufolge – wie im radikalen Pietismus, aber auch in manchen modernen Publikationen – die Ketzer die eigentlichen Heiligen wären, nur weil sie verfolgt wurden. Aber lernen kann man von den Heiligen, wie der christliche Glaube ein Leben zu prägen vermag, d. h. wie die Heilige Schrift, die nach evangelischem Verständnis allein Maßstab für Glaube und Leben ist, einen Menschen zur Erkenntnis seiner Berufung zu einem geheiligten Leben führen kann. Damit verbunden gilt es schließlich auch, die Individualität solcher vorbildlichen Lebensentwürfe zu würdigen und zu fragen, wie der eigene Weg als Heiliger oder Heilige auszusehen hat. «Nur Heilige können von Heiligen lernen» (Hans-Martin Barth): Evangelisch gelernt wird dort, wo man den Goldgrund der Heiligen durchschaut und ins Gespräch über die Zeiten hinweg eintritt. Und das kann durch Lektüre, Aufsuchen der Orte ihres Lebens oder kalendarisches und liturgisches Gedenken geschehen.

Es kann aber auch Streit darüber entstehen, an welchen Menschen eine paradigmatische Realisierung geheiligten Lebens zu erkennen ist. Nach evangelischem Verständnis von Lehrbeurteilung kann das letztlich nur der einzelne Christ am Leitfaden der Schrift entscheiden. Aber es ist sinnvoll und nützlich, dass eine Gemeinde oder Kirche sich auf Heiligenfeste oder sogar auf einen Heiligenkalender verständigt – der allerdings prinzipiell unabgeschlossen bleiben und von Zeit zu Zeit entrümpelt werden muss. Dazu motiviert nicht zuletzt die Einsicht, dass mit ein und derselben Person zu verschiedenen Zeiten ganz unterschiedliche Gedächtnisbestände verbunden worden sind, wie ein Blick in die Geschichte der Reformations- bzw. Lutherjubiläen seit 1617 zeigt. Der geschichtlichen Wahrnehmung der «Gemeinschaft der Heiligen» muss daher die historische und theologische Kritik zur Seite treten, allein schon deshalb, weil Heilige einer Konfession für Christen anderer Kirchen schmerzvolle Erinnerungen repräsentieren können. Der «Pestheilige», Erzbischof von Mailand, Kardinal und Gegenreformator Karl Borromäus (1538–1584, heilig 1610) erregt bei evangelischen Christen ebenso Anstoß wie umgekehrt bei Katholiken König Gustav II. Adolf von Schweden (1594–1632), der große Gegenspieler der katholischen Liga im Dreißigjährigen Krieg, unter dessen Namen das Gustav-Adolf-Werk als Diasporawerk der evangelischen Kirchen 1832 – in unverhohlen antikatholischer Stoßrichtung – gegründet wurde.

Besonders bei Heiligen aus der Zeit der konfessionellen Ausdifferenzierung des Christentums ist solches Konfliktpotenzial gegeben: Der Spanier Ignatius von Loyola (1491–1556) erlebte zwar seine Bekehrung zu einem geistlichen Leben 1521/1522 unabhängig von Auseinandersetzungen mit dem reformatorischen Christentum während der Genesung von einer schweren Kriegsverwundung durch die Lektüre der *Legenda aurea*. Doch barg das spirituelle Ideal der von ihm gegründeten «Societas Jesu» – geistliche Exerzitien, herausragende Bildung, unbedingter Gehorsam gegenüber dem Papst, geistige und lokale Mobilität – in sich das Potenzial zur katholischen Reform und damit zur Rekatholisierung protestantisch gewordener Länder und Christen. Als Ignatius 1609 selig- und 1622 heiliggesprochen wurde (zeitgleich mit der spanischen Mystikerin Theresa von Ávila [gest. 1582], die wie Ignatius den neuen spirituellen Impuls im Katholizismus des 16. Jahrhunderts repräsentiert), avancierte er zum Leitbild par excellence für die frühneuzeitliche römisch-katholische Kirche. Sein Orden, der im 18./19. Jahrhundert in Frankreich und Deutschland mehrfach verboten wurde, galt als päpstlicher Arm in den neuzeitlichen Monarchien. Das Beispiel des Ignatius zeigt, dass ein Heiliger, der durch religiöse Ernsthaftigkeit beeindruckt, durchaus auch zum Symbol eines religionspolitischen Programms werden kann. Die gegenwärtige Popularität ignatianischer Exerzitien unter Protestanten lässt dagegen erkennen, dass ursprüngliche Konnotationen einer Heiligsprechung in Vergessenheit geraten können und Potenziale fremder Frömmigkeit als bereichernd statt als konfessionell trennend erfahren werden können. Das geht freilich nur auf dem Weg bilateraler Verständigung, nicht durch einseitige Proklamation: Den Polen Andreas Bobola, der

1657 zum Märtyrer wurde, weil er viele russisch-orthodoxe Christen zum römisch-katholischen Glauben bekehrte, sprach Papst Pius XI. 1938 als «Fürbitter für die Einheit der russisch-orthodoxen und der römisch-katholischen Kirche» heilig, ohne dass seiner Fürbitte bis heute ökumenischer Erfolg beschieden gewesen wäre.

Der Blick über den konfessionellen Tellerrand erschöpft sich aber nicht in der Negation: Wenn die Gemeinschaft der Heiligen über geschichtlich gewordene Grenzen der Konfessionen hinwegreicht, dann besteht Grund dazu, auch in Gedenkkulturen anderer Kirchen nach Zeugnissen christlichen Glaubens und Lebens zu suchen und, wenn solche entdeckt werden, sie auch dankbar anzuerkennen. Die Heiligen in evangelischer Sicht werden dies zu einem nicht unbeträchtlichen Teil gleichermaßen für die römisch-katholische Kirche sein (namentlich Persönlichkeiten aus Alter Kirche und Mittelalter); daher scheint es geboten, auch darüber in das ökumenische Gespräch einzutreten.

7. Heilige in unserer Zeit

Praxis und Ideal

Das überwältigende Medieninteresse an Tod und Beisetzung Johannes Pauls II. im April 2005 wurde vom Schlagwort «santo subito – sofort heilig» begleitet. Der Verstorbene erschien bereits als Heiliger, sei es im Rückblick auf sein Wirken, sei es, weil sein Leben an verschiedenen Stationen (vor allem 1981 beim Attentat auf dem Petersplatz) einem Martyrium nahe kam. Auch sein Leiden und Sterben wurden medial als öffentliches Martyrium wahrgenommen. Und man wird es als *imitatio Christi* verstehen dürfen, dass der Papst im Herbst 2004, schon von Krankheit gezeichnet, auf die Frage nach einem möglichen Rücktritt antwortete: «Jesus ist auch nicht vom Kreuz gestiegen». Kein Papst der Neuzeit fand eine solche Akzeptanz über die Grenzen der römisch-katholischen Kirche hinweg – und das, obwohl er gewiss nicht als «Modernist» galt. Angesichts der öffentlichen Verehrung für den Verstorbenen wurde die Fünfjahresfrist, die nach kanonischem Recht zwischen Tod und Einleitung eines Verfahrens zur Seligsprechung verstreichen muss, konsequenterweise ausgesetzt. Johannes Paul II. wird sich in nächster Zukunft zu den in seinem Pontifikat rapide vermehrten Seligen und Heiligen gesellen.

Heiligsprechungen gehoren zum Alltag in Rom. Im Normalfall kann dabei von «subito» freilich keine Rede sein. Eine Ausnahme bildet Mutter Teresa, die schon 2003, sechs Jahre nach ihrem Tod, seliggesprochen wurde und daher gute Chancen hat, einen neuen Geschwindigkeitsrekord bei der Heiligsprechung aufzustellen. Das zügigste Verfahren in der Moderne – für den Opus-Dei-Gründer Josemaria Escrivá y Balaguer (1902–1975) – nahm immerhin 27 Jahre in Anspruch; zeitgleich wurde 2002 der süditalienische Kapuzinermönch Padre Pio von Pietrelcina (1887–1968), als Krankenheiler und Träger der Stigmata überaus umstritten, heiliggesprochen (nachdem der Vatikan seinem Kult im apulischen San Giovanni Rotondo lange skeptisch gegenübergestanden hatte).

Päpste müssen dagegen weiterhin lange auf ihre Erhebung zu den Ehren der Altäre warten: Im September 2000 wurden zeitgleich die Initiatoren des Ersten sowie des Zweiten Vatikanischen Konzils, Pius IX. und Johannes XXIII., beatifiziert. Im ökumenischen Gespräch, aber auch innerkatholisch wird debattiert, ob die beiden Konzile in Kontinuität stehen oder das zweite mit seiner Hochschätzung für die Bischöfe und das Kirchenvolk die Betonung der päpstlichen Souveränität des ersten Vatikanums relativierte. Die zeitgleiche Seligsprechung darf wohl als Zeichen dafür zu verstehen sein, dass die amtliche Lesart die Zusammengehörigkeit und Kontinuität akzentuiert. Die Kanonisation von Pius XII. (1939–1958) ist schließlich eine seit Jahrzehnten umstrittene Causa. Wie neuere Archivstudien zeigen, ist die Anklage in Rolf Hochhuths Drama «Der Stellvertreter» (1963), Pius XII. habe zur Judenvernichtung geschwiegen und damit versagt, nicht zu halten. Die historische, politische und theologische Bewertung der Entscheidung, nicht öffentlich Stellung gegen den nationalsozialistischen Antisemitismus zu beziehen, bleibt jedoch ambivalent. Dass es für seine Zurückhaltung durchaus Argumente gab, obwohl der Vorgänger, Pius XI. (1922–1939), ein offensiveres Vorgehen ins Auge gefasst hatte, zeigt nur, dass Heiligkeit nicht in einer weißen Weste besteht, sondern darin, gerade in Gewissenskonflikten angesichts schwieriger Situationen den eigenen Weg zur Nachfolge Christi zu finden.

Dem trägt die 1983 erfolgte Neuordnung des Heiligsprechungsverfahrens schonend Rechnung, indem sie statt des juridischen das narrative Element in den Vordergrund stellt. Das ist nur konsequent, weil die Frage nach dem Leitbild des Heiligen und des Christlichen allgemein durch den zeitgleich veröffentlichten *Codex Iuris Canonici* (CIC) anders gestellt ist als zuvor: Can. 210 fordert *alle* Christen zu einem Leben in Heiligkeit auf, gemäß der Kirchenkonstitution des 2. Vatikanums (*Lumen gentium* 39), die sich dafür auf 1. Thessalonicher 4,3 beruft: «Das ist der Wille Gottes, eure Heiligung!» Der CIC von 1917 hatte nur die Ordensleute dazu verpflichtet, nach voller Heiligkeit zu streben, gemäß der traditionellen Unterscheidung zwischen den für alle Menschen geltenden Geboten und den nur für besondere Christen verpflichtenden «evangelischen Räten» (Armut, Keuschheit, Gehorsam). Auch der CIC von 1983 kennt diese «Räte» als Inbegriff der engstmöglichen Christusnachfolge (can. 573 §1), versteht sie aber nicht als Sonderleistung der Vollkommenen, sondern als gnadenhaft gewirkte Zeichen Gottes in einzelnen Menschen, die als solche die Dignität des normalen christlichen Alltags als Ort der Heiligung nur unterstreichen. Man sollte erwarten, dass dieser Aufruf an alle katholischen Christen auch die Kanonisationspraxis verändern würde, was für das ökumenische Gespräch von Bedeutung wäre: Von dieser allgemeinen Berufung zur Heiligkeit ließe sich eine Brücke zum reformatorischen Verständnis von Heiligkeit im «Beruf» schlagen; denn die «Gemeinschaft der Heiligen» besteht ja nach übereinstimmender Auffassung nicht zuerst aus religiösen Virtuosen oder «Gottesmenschen», sondern aus Getauften und Gläubigen.

Der Blick auf die Heiligsprechungen der letzten Jahrzehnte enttäuscht eine solche Erwartung allerdings. Die meisten neuen Seligen und Heiligen sind Ordensleute und gehören gerade nicht zur Mehrheit der Katholiken, d.h. zu den verheirateten, «in der Welt» lebenden Männern und Frauen. Das dürfte mindestens zwei Gründe haben: Zunächst gilt wie im Mittelalter, dass für ein Heiligsprechungsverfahren langer Atem und finanzielle Potenz vonnöten sind; über beides verfügen Orden eher als Gemeinden oder Bistümer. Hinzu kommt die schon im Mittelalter beobachtete Schwierigkeit, Heiligkeit prozesssicher in einem Leben aufzuspüren, das in die Zweideutigkeiten des Alltags verwoben ist. Das Ideal des zölibatär lebenden und damit ganz für den Dienst an Christus und am Nächsten freien Menschen ist nach wie vor wirkmächtig. Heilige Ehefrauen oder -männer findet man unter den zuletzt Heiliggesprochenen nur selten (eine Ausnahme bilden die Märtyrer). Mindestens unterschwellig hat die Wahrnehmung authentischer Heiligkeit in katholischer Sicht weiterhin mit sexueller Unbeflecktheit zu tun.

Heilige aus aller Welt für alle Welt

Nicht nur die rapide gestiegene Zahl der Seligen und Heiligen ist ein neues Phänomen, sondern auch die damit einhergehende Verteilung auf die Regionen der katholischen Lebenswelt. Johannes Paul II. kreierte auf seinen Pastoralreisen regelmäßig Selige oder Heilige, die der jeweiligen Region entstammten und dort Verehrung genossen. Insgesamt beläuft sich die Zahl neuer Seliger in seinem Pontifikat auf 1345, die neuer Heiliger auf 483. Der Weltchristenheit wurden damit zahlreiche Heilige zur Verehrung empfohlen, die außerhalb ihres Winkels niemand kennt, so dass Heiligkeit zunehmend «additiv» verstanden zu werden scheint: jedem Kulturraum seine eigenen Heiligen – und jeder Gruppierung der katholischen Kirche den eigenen seligen Papst, sei es Johannes XXIII. oder Pius IX. Zu Grunde liegt dabei eine Unterscheidung von Einheit und Einheitlichkeit, die in der katholischen Theologie eine lange Tradition hat: Niemand verlangt, dass die rund 6650 Seligen und Heiligen des römischen Martyrologiums von 2004 überall in gleicher Weise Verehrung genießen; partikulare Riten waren und sind in römisch-katholischem Verständnis immer schon möglich, wäre doch anders die Katholizität (i. S. der allumfassenden Weltkirche) kaum plausibel darzustellen. Entscheidend ist aber, dass es sich um *römische* Katholizität handelt, dass also durch das Selig- und Heiligsprechungsverfahren zentral festgelegt wird, wer zu verehren ist (und wer nicht). Einerseits ermöglicht diese Praxis eine effektive Kontrolle der Frömmigkeitsformen am jeweils gegebenen Ort, andererseits legitimiert sie Pluralität. Männer und Frauen *aus* aller Welt werden *für* alle Welt als Heilige proklamiert, also für die *communio sanctorum* in universalem Sinn. Wer aber in der Liturgie Gedenken und Verehrung genießt, ist letztlich nur in einem konkreten kulturellen und religiösen Kontext zu entscheiden. So macht eine förmliche Heiligsprechung heute in den meisten Fällen eher deutlich, dass der oder die Heilige inmitten eines *lokalen* Pantheons besonderes Ansehen genießt.

Diese binnenkatholisch erfolgreiche Strategie nimmt indes ökumenische, politische und theologische Anstößigkeit billigend in Kauf. Die 1998 erfolgte Heiligsprechung der Karmelitin Teresia Benedicta a Cruce führte zu scharfen Reaktionen von jüdischer Seite, weil diese Nonne von den Nationalsozialisten nicht zuerst als Christin, sondern aufgrund ihrer jüdischen Herkunft in Auschwitz-Birkenau ermordet wurde. Es handelt sich um Edith Stein (1891–1942), die 1922 zur römisch-katholischen Kirche konvertiert war. Zusätzliche Brisanz gewinnt dieser «Fall» dadurch, dass Edith Stein im Frühjahr 1933 über den Erzabt von Beuron ein Hilfsgesuch an das vatikanische Staatssekretariat gerichtet hatte, in dem sie betonte, dass die Verantwortung für die Judenverfolgung auch auf die falle, die dazu schwiegen. Das Staatssekretariat reagierte mit der Einstufung der Angelegenheit als «molto delicato» («äußerst heikel»). Obwohl Papst Pius XI. eine formelle Stellungnahme Roms erwog, unterblieb diese auf Einwirken des Kardinalstaatssekretärs Eugenio Pacelli, des späteren Pius XII. Vor diesem Hintergrund erscheint die Verehrung Edith Steins als *christliche* Märtyrerin als Usurpation einer Frau, die aus ganz anderen Gründen ermordet wurde.

Auch traditionelle konfessionelle Fronten können durch Heiligsprechungen wieder aufbrechen: Die Kanonisation des Märtyrers und Gegenreformators Jan Sarkander (1576–1620) rief 1995 in Tschechien heftigen Streit zwischen protestantischen und katholischen Kirchen hervor, den Johannes Paul II. mit einem an die evangelische Seite gerichteten Wort des Bedauerns über die Opfer der Religionskriege zu schlichten versuchte. Dass die Mystikerin Theresia von Lisieux (1873–1897) im Jahr 1997 zur Kirchenlehrerin, d.h. in die Kategorie eines Augustinus, Anselm von Canterbury oder Thomas von Aquin erhoben wurde, obwohl sich ihr literarisches Werk auf ein schmales Bändchen beschränkt (den mystischen Traktat *Histoire d'une âme*), wurde wiederum von protestantischer Seite als «Zug zum Inflationären und Unausgegorenen» (Jörg Haustein) beurteilt. Doch ist Theresia eine ganz typische Repräsentantin der Bedeutung von Mystikerinnen im neuzeitlichen Katholizismus. Diese Entwicklung beginnt mit Theresa von Ávila und endet noch lange nicht mit der stigmatisierten, nach jahrzehntelangem Vorlauf 2004 seliggesprochenen Nonne Anna Katharina Emmerick (1774–1824), deren Leidensmystik in dem 2003 von Mel Gibson produzierten Film «Die Passion Christi» umgesetzt wurde.

Auch wenn katholische Heilige nicht jüdischer oder protestantischer Zustimmung bedürfen und eine geringe Quantität der Literaturproduktion noch nichts über deren Bedeutung für gelebte Frömmigkeit aussagt, erledigt dies nicht die Frage nach der Wirkung solcher Vorbilder über den katholischen Raum hinaus. Was bleibt, ist eine neue Unübersichtlichkeit. Mit dem Amtsantritt von Papst Benedikt XVI. (2005) endete weder der Trend zu großen Zahlen noch die gelegentliche Neigung zu politisch höchst umstrittenen Beatifikationen und Kanonisationen: Am 28. Oktober 2007 wurden 498 Märtyrer und Märtyrerinnen des spanischen Bürgerkriegs (1936–1939) seliggesprochen. Das Leid dieser Männer und Frauen, die von republikanischen Truppen getötet wurden, ist unbestritten; jedoch erhob sich Protest, weil die katholische Kirche damals fest zu Franco und später zu seinem diktatorischen Regime stand, unter dem ebenfalls Priester ermordet wurden, die – bisher – keine Kandidaten für die Seligsprechung sind. Es wird deutlich, dass Heiligkeit heute – wie zu allen Zeiten – nicht abgelöst von ihrem politischen, kulturellen und sozialen Kontext zu denken ist. Vor diesem Hintergrund ist es bezeichnend, dass das bereits 1994 eingeleitete Seligsprechungsverfahren für den 1980 ermordeten Erzbischof von El Salvador, Oscar Romero, 2008 gestoppt wurde, da unklar sei, ob der Mord aus Hass gegen den Glauben (*odium fidei*) erfolgt oder ob eine politische Motivation dahinter zu sehen sei. Damit wird darauf angespielt, dass Romero als Befreiungstheologe auch Stellung gegen die Verbrechen der salvadorianischen Militärdiktatur bezog und aus deren Sicht eine «linksgerichtete» Politik befürwortete. Religiöse von politischen Motiven zu trennen würde aber bedeuten, die Strahlkraft des christlichen Glaubens in der Welt zu unterschätzen – und nicht zu beachten, dass schon die frühen Christen sich nicht nur aufgrund ihres Glaubens von paganen Götterkulten abwandten, sondern ihre Lebenswelt aus dem Glauben heraus zu gestalten versuchten. Diese Problematik ist für die Überlegungen zu einer ökumenischen Heiligenverehrung wichtig – denn gerade die Märtyrer sind der Ansatzpunkt im gegenwärtigen Dialog.

Ökumenische Heilige?

Heiligenverehrung ist in den beiden vergangenen Jahrzehnten vielfach als ökumenisches Projekt wahrgenommen worden, ohne dass die traditionellen konfessionellen Differenzen ausgeräumt wären. Naturgemäß sind die Verständnisprobleme zwischen evangelischen und katholischen Christen hier größer als z. B. zwischen Katholiken und Orthodoxen, die seit jeher das Gedenken der Heiligen in Liturgie und Ikonenfrömmigkeit pflegen. Es gibt allerdings auch zwischen lutherischen und römisch-katholischen Theologen mittlerweile bemerkenswerte Versuche, die je andere Seite zu verstehen und durch das Ausräumen von Vorurteilen zu den zentralen Differenzpunkten vorzustoßen. Einen Meilenstein bildete hier der US-amerikanische Dialog zwischen Lutheranern und Katholiken über «The One Mediator, the Saints, and Mary» (1992), der präzise das Kernproblem herausgearbeitet hat: Wie ist die alleinige Heilsmittlerschaft Christi (1. Timotheus 2,5) mit der Rolle von Heiligen als Fürbittern zu vereinigen, und welche Stellung nimmt dabei die Gottesmutter Maria ein? Maria ist nach dem Glaubensbekenntnis als Mutter des Erlösers in besonderer Weise als Heilige ausgezeichnet – hat sie darum auch Anteil an Christi Erlösungswerk? In diesem Dialog wird deutlich, dass die Frage nach der Relevanz der Heiligen über konfessionelle Folklore hinausgeht und letztlich auf die Frage nach der Vermittlung und Aneignung des Heils zielt. Erleichtern die Heiligen und insbesondere Maria den Weg zu Gott, oder stehen sie dem Vertrauen des Menschen auf Gott eher im Weg?

Dass und warum ein lutherisch-katholischer Konsens über das Verständnis von Heiligkeit noch nicht besteht, hat die Studie *Communio Sanctorum* gezeigt, die im Jahr 2000 von der «Bilateralen Arbeitsgruppe der Deutschen Bischofskonferenz und der Kirchenleitung der Vereinigten Evangelisch-Lutherischen Kirche Deutschlands» veröffentlicht wurde. Ausgangspunkt ist die ekklesiologische und liturgische Rolle der Heiligen als Angehörigen der «Gemeinschaft der Heiligen», womit – ausgehend vom Glaubensbekenntnis – eine Neubesinnung auf die Relevanz individueller Heiligkeit für die Kirche als Gemeinschaft erreicht werden soll. Heilige sind hiernach «Glieder der Kirche, die aus Gnade und Glaube allein die christliche Liebe und die anderen christlichen Tugenden in beispielhafter Weise gelebt haben und deren Lebenszeugnis nach ihrem Tod in der Kirche Anerkennung gefunden hat.» Nicht aus sich selbst, sondern durch die Gnade Christi «werden sie für unseren Glauben zu helfenden Vorbildern» – soweit wird der Konsens skizziert, den Melanchthon schon 1530 zu erreichen gehofft hatte. Darüber hinaus treten die Heiligen nach *Communio Sanctorum* aber auch «im Himmel für uns ein in Erfüllung ihrer Nächstenliebe». Nach katholischer Tradition sei es daher möglich, «die Heiligen um dieses Gebet zu bitten»; und «auch die Reformatoren haben die Annahme einer Fürbitte von Verstorbenen nicht grundsätzlich abgewiesen.» Tatsächlich beklagt die hierzu zitierte Apologie der *Confessio Augustana* (21,9) gerade die fehlende biblische Fundierung dieser Annahme! Formen und Inhalte der Heiligenverehrung sind gewiss «stets zeit- und kulturverhaftet», was aber nicht heißt, sie könnten «weder für alle Christen verpflichtend gemacht, noch von partikularen Traditionen aus grundsätzlich in Frage gestellt werden» – damit würde die geschichtlich gewordene Form katholischer Heiligenverehrung mit ihrem Verfahren und den hergebrachten Patrozinien und Wallfahrten der begründeten Kritik entzogen, wie von evangelischer Seite umgehend eingewandt wurde. Der «gemeinsame Widerspruch» gilt der Vorstellung, die Verehrung von Reliquien bewirke eine «Vermittlung der Gnade»; die Praxis also solche wird aber als Ausdruck des «ehrenden Gedenkens» und des «Dankes an Gott» affirmiert. Und in der Tat bleibt es für das ökumenische Gespräch eine wichtige Aufgabe, theologisch zu bedenken, inwiefern «Trost, Erbauung und Ermutigung auch durch das lebendige Gedächtnis lange verstorbener Mitchristen vermittelt werden können» (Bernd Oberdorfer).

Es scheint, als könne man sich derzeit am ehesten auf die Märtyrer als Vorbilder verständigen. In jüngster Zeit ist das Martyrium als Phänomen der Gegenwart wieder ins Bewusstsein getreten. Nicht nur die ersten drei Jahrhunderte des Christentums waren eine Zeit der Märtyrer, auch das 20. Jahrhundert erlebte Christenverfolgungen, bei denen insgesamt wohl mehr Menschen ums Leben gebracht wurden als in der Zeit der Alten Kirche. Martyrien ereigneten sich unter dem Nationalsozialismus und unter kommunistischen Regimes, aber auch in Auseinandersetzungen der Religionen untereinander. Auf die Märtyrer der jüngsten Vergangenheit und der Gegenwart zu blicken birgt allerdings eine doppelte Problematik: Zum einen darf die Beobachtung, dass Verfolgung aus religiösem Grund heute auch Christen trifft, nicht den Blick darauf verstellen, dass die neuzeitliche Kolonialpolitik – sei es explizit im Namen des Christentums wie in Süd- und Mittelamerika im 16. Jahrhundert, sei es implizit in der Verantwortung christlicher Regierungen im 19. Jahrhundert – mehr christliche Täter als Opfer hervorbrachte. Zum anderen stellt sich – wie anhand der «Fälle» von Edith Stein und Oscar Romero angedeutet – die Frage, ob der Mord an einem Menschen aufgrund seines Glaubens geschah, d. h. ob die konkrete Motivation der Mörder oder Henker mit der Wahrnehmung christlicher Glaubenshaltung und Lebenspraxis beim Opfer zusammenhing. Es geht also prinzipiell wieder um die Anwendbarkeit des augustinischen Kriteriums: «Nicht die Strafe, die Sache macht den Märtyrer» – der gewaltsame Tod eines Christen muss nicht allein an dessen Bekenntnis liegen, sondern kann auch, ja sogar in erster Linie eine politische Ursache haben. Dass die «Gefangenschaft» Pius' IX. im Vatikan seit 1870 als Martyrium gedeutet wurde, entsprach damaliger katholischer Selbstwahrnehmung als einer bedrohten Minderheit in Analogie zu den frühen Christen, stellt sich aber aus der Perspektive werdender nationalstaatlicher Souveränität Italiens als konsequentes Ende der politischen Macht des Papsttums dar.

Im Gegenzug muss nach der christlichen Motivation politischen Handelns gefragt werden: Das Hitler-Regime ließ die

Attentäter des 20. Juli 1944 ja nicht aus religiösen Gründen hinrichten, sondern als Rache für einen missglückten Umsturzversuch, auch wenn bei zahlreichen Teilnehmern der Verschwörung die Motivation ihres Handelns nicht ohne ihren christlichen Hintergrund zu erklären ist. Letztlich dürften überspitzte Alternativen zwischen dem politischen und dem religiösen Aspekt eines Martyriums wenig hilfreich sein, sofern sie sich nicht aus dem Leben und Sterben der Protagonisten erheben lassen. Doch sind nicht nur aus der theologischen Binnenperspektive, sondern auch um der Opfer willen klare Kriterien nötig, wenn Heiligsprechungen vollzogen oder Martyrologien erstellt werden, um Usurpationen zu vermeiden. Dies gilt gerade dort, wo das Gedenken konfessionsübergreifend geschehen soll. Solche Kriterien werden aber erst noch im ökumenischen Gespräch zu entwickeln sein.

«Zeugen einer besseren Welt»

Den Anstoß dazu gab Papst Johannes Paul II.: In seiner Ökumenismus-Enzyklika *Ut unum sint* (1995) verwies er auf die vielen Märtyrer des 20. Jahrhunderts und sah in den verschiedenen Formen des Glaubensanspruchs, die im Martyrium dieselbe Glaubwürdigkeit hätten, einen «Ökumenismus der Heiligen, der Märtyrer». Das Entdecken von Zeugen des Glaubens jenseits der eigenen Konfession hat bereits begonnen. So wird in Lübeck gemeinsam an einen evangelischen und drei katholische Geistliche erinnert, die 1943 als Widerständler gegen den Nationalsozialismus hingerichtet wurden: an den lutherischen Pastor Karl Friedrich Stellbrink und die katholischen Priester Johannes Prassek, Hermann Lange und Eduard Müller. Der Protestanten Paul Schneider (1897–1938) und Dietrich Bonhoeffer (1906–1945) wird in der Gedenkstätte der neuen Märtyrer gedacht, die die katholische Laiengemeinschaft Sant'Egidio auf der römischen Tiberinsel in San Bartolomeo eingerichtet hat. Evangelische Christen erkennen in Pater Maximilian Kolbe (1894–1941), der an Stelle eines Familienvaters im Konzentrationslager Auschwitz in den Tod ging, ein Beispiel christlicher

Selbstlosigkeit. Das im Auftrag der evangelischen und katholischen Kirchen Deutschlands erarbeitete Martyrologium «Zeugen einer besseren Welt» (4. Auflage 2002) bietet weitere Hinweise, wo ökumenisches Gedenken ansetzen kann. Es tritt dem katholischen Projekt «Zeugen für Christus» (4. Auflage 2006) und seinem evangelischen Pendant «Ihr Ende schaut an ...» (2. Auflage 2008) zur Seite.

Diese beiden Werke formulieren ein ökumenisches Märtyrergedenken als Fernziel, lassen aber durch die Auswahl der Personen und die beigefügten Grundsatzerwägungen zugleich die unterschiedlichen Auffassungen des Martyriums erkennen. Ganz praktisch zeigte sich dies darin, dass 2003 für die oben erwähnten Lübecker katholischen Geistlichen der Prozess zur Seligsprechung eingeleitet wurde. Dass die Anerkennung als Märtyrer nach katholischem Verständnis in die Seligsprechung münden kann, entspricht der Logik des Verfahrens und dem Aufruf von Johannes Paul II. (1994), die Märtyrer als die «unbekannten Soldaten der großen Sache Gottes» dem Vergessen zu entreißen. Eine förmliche Selig- oder Heiligsprechung nach derzeitigem rechtlichem und liturgischem Stand würde aber die Mauern der Konfessionen wieder in den Himmel wachsen lassen. Ein wirklicher Ökumenismus müsste über das Zweite Vatikanum hinausgehen, das den nichtkatholischen Kirchen in abgestuftem Maße authentische Kirchlichkeit attestiert: Wirklich ökumenisch wäre das Märtyrergedenken, wenn es sich auf Menschen mit unterschiedlichen konfessionellen Prägungen richtete, die in gleichermaßen paradigmatischer Weise im Tod oder Leben für Christus Zeugnis ablegten.

Allerdings herrscht auf evangelischer Seite weder über den Begriff des Martyriums noch über die Aspekte, die ein Martyrium erkennen lassen, hinreichende Klarheit. Der Band «Ihr Ende schaut an ...» nennt als Merkmale die «christliche Prägung», die «Konfliktsituation» und die «Todesumstände» und konkretisiert diese formalen Punkte an den Biographien. Anders als im katholischen Heiligsprechungsverfahren fehlen gerichtsfeste Kriterien – was in Ermangelung einer zentralen Instanz auch kaum zu bewerkstelligen wäre. Aus evangelischer

Sicht muss das kein Schaden sein: Denn nach *Confessio Augustana* 21 kann Heiligkeit nicht anders wirklich werden als im «Beruf», in einem konkreten Lebensweg, nicht durch verallgemeinerbare Lebensstile oder -formen. Das erfordert eine Entgrenzung des Märtyrerbegriffs im Sinne des Neuen Testaments, so dass nicht nur der Tod, sondern auch das Leben als Zeugnis verstanden wird. Diesem Ansatz ist die eindrucksvolle Darstellung von Märtyrern des 20. Jahrhunderts von Andrea Riccardi verpflichtet, die im Kontext der Gedenkarbeit der Gemeinschaft Sant'Egidio entstanden ist. Erst so würde die spannungsreiche Fülle des Begriffs «Märtyrer» ausgeschöpft, ohne – wie in der Heiligsprechungspraxis – besondere Menschen mit vorbildlicher Lebensführung herauszugreifen und die «Gemeinschaft der Heiligen» in zwei Klassen zu teilen. Eine «Ökumene der Märtyrer» im Sinne der Blutzeugen kann also nur der Anfang sein.

Ob man den Märtyrerbegriff enger oder weiter fasst: Klassische Kategorien können nicht unkritisch auf Martyrien der neuesten Zeit angewandt werden. Der Herausgeber des katholischen Martyrologiums, Helmut Moll, kritisiert am evangelischen Werk, es nehme die «Reinheitsmartyrien» nicht auf (die Tötung christlicher Frauen, die sich sexueller Gewalt widersetzten), billige aber Selbstmördern den Märtyrertitel zu, was nach altkirchlichem Verständnis ausgeschlossen sei. Hinter dieser Kritik scheint zum einen die konfessionelle Differenz in der Bewertung von sexueller Reinheit auf, zum anderen die Frage nach dem Suizid. Es kam zur Zeit des Nationalsozialismus vor, dass ein inhaftierter Widerständler durch die Selbsttötung, die eine unter der Folter erzwungene Aussage verhindern sollte, Schaden von anderen abzuwenden versuchte, so etwa Henning von Tresckow, der sich nach dem misslungenen Attentat auf Hitler am 21. Juli 1944 umbrachte. Darf man ihm deshalb eine geringerwertige christliche Einstellung als Dietrich Bonhoeffer zuschreiben, der am selben Tag den oben zitierten Brief an Eberhard Bethge schrieb, keinen Selbstmord beging, aber ein knappes Jahr später hingerichtet wurde? Des Weiteren gab es Menschen, die in auswegloser Situation den Freitod wählten: Der

Dichter Jochen Klepper musste damit rechnen, gemeinsam mit seiner jüdischen Ehefrau deportiert zu werden; um das zu verhindern, setzten sie ihrem Leben 1942 ein Ende. Inwieweit dieser Tod den «Vorbildcharakter» tangiert, von dem Wolfgang Huber im Vorwort des Bandes spricht, ist eine offene Frage. Man wird ihr aber kaum beikommen, indem man mit Verweis auf das Gebet Jesu am Ölberg (Lukas 22,39–46) kategorisch feststellt: «Die Selbsttöter haben den Willen Gottes nicht angenommen und ebenso wenig ein christliches Bekenntnis im Tod abgelegt» (Helmut Moll).

Das Martyrium bedeutete nach urchristlichem Verständnis mehr, als aufgrund des *odium fidei* gewaltsam zu Tode gebracht zu werden: Politische, soziale und kulturelle Konflikte spielten und spielen hinein. Daher reicht es nicht, ein so enges Kriterium – zumal in Kombination mit anfechtbaren Vorstellungen von Keuschheit und Suizid – anzulegen. Wenn Ökumene auf eine «versöhnte Verschiedenheit» zielt, d. h. auf Anerkennung der Andersheit des Anderen auf der Basis der Heiligen Schrift (und nur so kann Ökumene im 21. Jahrhundert gelingen), dann müssen auch vielerlei Kriterien für Märtyrer und Heilige berücksichtigt werden. Beeindruckend ist ja gerade, dass unterschiedliche Menschen in gleichermaßen authentischer Weise den Glauben an Jesus Christus in Leben und Sterben bezeugt haben.

Ein neuer Zugang zum Phänomen der Heiligen kann also nur dann gewonnen werden, wenn dafür ein der Gegenwart angemessener Heiligkeitsbegriff entwickelt wird, wenn also – wie bei Maria von Oignies und Elisabeth von Thüringen – nach *sancti moderni in nostris diebus*, nach «modernen Heiligen in unserer Zeit» gesucht wird. Dabei muss die eigene konfessionelle Perspektive beim Gedenken der Heiligen in Richtung der ökumenischen Gemeinschaft erweitert werden. Die bereits sichtbare Rezeption von Heiligen über Grenzen hinweg – wie z. B. in den zehn Statuen moderner Heiliger an der anglikanischen Westminster Cathedral in London, bei denen der Protestant Dietrich Bonhoeffer zwischen den Katholiken Maximilian Kolbe und Oscar Romero seinen Platz gefunden hat – stimmt hoffnungsvoll. Zugleich wird deutlich, dass in ökumenischer Perspektive nicht nur katholische und evangelische Glaubenszeugen, sondern auch anglikanische und orthodoxe Heilige in ein Verhältnis zueinander zu setzen sind.

Die russisch-orthodoxe Kirche pflegt das Gedenken der Märtyrer unter der kommunistischen Diktatur, besonders in der Zeit der Oktoberrevolution und des Stalinismus. Unter den «neuen Märtyrern» spielt die 1918 ermordete Zarenfamilie eine herausragende Rolle, vor allem die Großfürstin Elisabeth, Prinzessin von Hessen-Darmstadt, Schwägerin des letzten Zaren, adlige Wohltäterin und Klostergründerin. Das Gedenken des Leidens aus religiösen Gründen hat hier einen unverkennbar politischen Unterton. Das Martyrium unter dem Kommunismus kann gar als «zweite Taufe Russlands» nach der Annahme des Christentums im Jahr 988 bezeichnet werden. Mehr noch als in der römisch-katholischen Kirche sind orthodoxe Heilige zeit- und ortsgebunden, weil sie primär für eine bestimmte orthodoxe Kirche als heilig gelten. Gegenüber dem Kanonisationsverfahren spielt hier die spontane Verehrung im Kirchenvolk die entscheidende Rolle. Beim Jüngsten Gericht gelten die Heiligen und Märtyrer als Fürbitter vor dem Thron Gottes; die «Deesis» ist ein Kernstück der Bilderwand (Ikonostase), zu der hin die Gläubigen ihre Gebete richten. Mit der Kanonisation der «Neomärtyrer» des 20. Jahrhunderts wurde in den orthodoxen Kirchen die Schar der Heiligen um zeitgenössische Zeugen des Glaubens erweitert, so dass die Märtyrer auch hier als Hoffnungszeichen ökumenischer Verständigung gelten dürfen.

Das Problem jeder Statue und jeder Kanonisationsurkunde ist freilich ihre Dauerhaftigkeit, materiell und/oder rechtlich. Dies betrifft nicht nur Heilige, die zwar große Popularität genießen, aber kaum als historisch zu betrachten sind: So hat die *Legenda aurea* z. B. Christophorus ein Denkmal gesetzt, das ihm noch 1909 offiziell das Schutzpatronat der Autofahrer und Piloten und seither millionenfache Präsenz auf Bildern und Figürchen einbrachte. Da aber ein historischer Kern der Christophoruslegende nicht zu erkennen ist, wurde er 1969 aus dem römisch-katholischen Heiligenkalender entfernt. Für die (oft säkularisierte) Bedeutung dieses «klassischen» Märtyrers und Heiligen mag dies wenig Auswirkungen haben; es zeigt aber, dass ein Heiligenkalender von Zeit zu Zeit der Entrümpelung bedarf. Dass dies nach einer förmlichen Kanonisation schwieriger ist als bei Heiligen, die in der Volksfrömmigkeit so präsent waren, dass eine Heiligsprechung sich erübrigte, liegt auf der Hand.

Man kann allerdings fragen, wieviel Historizität einem Heiligengedenken zu Grunde liegen muss: Bei strenger Nachfrage geriete auch der heilige Nikolaus, Schutzpatron der Kaufleute und Schiffer, schnell in gefährliche Gewässer! Wichtiger ist die Frage nach der tatsächlichen Bedeutung eines oder einer Heiligen für gelebte Frömmigkeit. Verehrung kann aufflammen und abflauen. Das Internet eröffnet hier neue Wege: Das «Ökumenische Heiligenlexikon» oder der ökumenische Namenkalender «Glaubenszeugen» bieten eine solche Flexibilität, erweisen aber auch die Unübersichtlichkeit, die durch die unterschiedlichen Gedenktraditionen der Kirchen entsteht. Bislang handelt es sich dabei um zwei Privatunternehmen ohne kirchliche Autorisierung, was nicht gegen die sachliche Seriosität solcher Webseiten spricht, aber die theologische und kirchenrechtliche Frage der Heiligenmemoria in der Schwebe lässt.

Einen wirklich ökumenischen Gedenkkalender gibt es (noch) nicht. Ob es ihn jemals geben wird, hängt davon ab, ob unter den christlichen Konfessionen Übereinstimmung über das Attribut «heilig», über den Ehrentitel «Märtyrer» und über das Verfahren der Zuschreibung dieser Attribute und Titel erzielt werden kann. Immerhin weisen die bestehenden Gedenkkulturen zahlreiche Überschneidungen auf, da vieler Gestalten der Geschichte des Christentums in mehreren Konfessionen gedacht wird. Ein konfessionsverbindendes Bild von Heiligen und Heiligkeit wird sich vermutlich weniger durch das Entwerfen von abstrakten Definitionen oder durch kalendarische Normierungen als vielmehr durch das gemeinsame Suchen und Entdecken von Leitbildern des Christlichen ergeben.

Heilige – Vorbilder – Idole

Zum Schluss: Was bedeuten Heilige heute? Jenseits religiöser Sichtweisen von Heiligen gibt es vergötterte Vorbilder auch in säkularisierten Kontexten, seien es Idole der Popmusik wie der 2009 verstorbene Michael Jackson, seien es (oft kurzlebige) Fußballgötter, seien es Prominente mit tragischem Leben wie die 1997 tödlich verunglückte Lady Diana Spencer oder regelrechte «Unsterbliche» wie der 1948 ermordete indische Unabhängigkeitskämpfer Mahatma Gandhi. Letzterer erschien in der öffentlichen Wahrnehmung als Märtyrer, zumal er seinen gewaltsamen Tod selbst als Kriterium der Authentizität seines Lebenswerks vorhergesagt haben soll. Und auch «Lady Di» wurde nach ihrem Tod vielfach als «Heilige» apostrophiert, sogar als «das Opferlamm, von dessen Tod sich die Menschheit Besserung versprach» (BILD). Freilich kann von einer «Heiligenverehrung» bei ihr längst nicht mehr die Rede sein, und der Märtyrertitel beruht auf einer sehr eingeengten Sicht ihrer Todesumstände. Dennoch bleibt es bemerkenswert, dass offenbar in zunehmendem Maße einzelne Menschen und ihre Schicksale Verehrung auf sich ziehen und als Leitbilder für mehr oder minder realisierbare Lebensgestaltungen dienen.

Konnte Jürgen Habermas vor rund zwei Jahrzehnten in seiner «Theorie des kommunikativen Handelns» postulieren, dass die «bannende Kraft des Heiligen» in naher Zukunft «zur bindenden Kraft kritisierbarer Geltungsansprüche zugleich sublimiert und veralltäglicht» werde, was eine «Freisetzung des kommunikativen Handelns von sakral geschützten normativen Kontexten» impliziere, erkennt man heute, dass eine solche Veralltäglichung nicht erfolgt ist. Der öffentliche Diskurs über Heiligkeit unterliegt zwar schon lange nicht mehr ausschließlich kirchlicher Aufsicht, aber er hat sich damit nicht erledigt: Vielmehr lässt sich ein gesteigertes Bedürfnis nach individueller Vorbildlichkeit, nach Orientierung spendenden Ikonen beobachten. Hierin ist die weit über den römischen Katholizismus und das Christentum hinausgehende Faszination am Leben, Leiden und Sterben von Papst Johannes Paul II. begründet. Verehrung kann durchaus über die eigene religiöse Gemeinschaft hinaus und in einer Weise, die deren Selbstverständnis nicht entsprechen muss, erfolgen. Denn letztlich ist die Verehrung eines oder einer Heiligen, eines Idols, eines Vorbilds stets eine Zuschreibung von Exemplarität. Wer aber wem Vorbildlichkeit zuschreibt, ist unter den Bedingungen der modernen Medien nicht normativ zu setzen. Wenn Heiligkeit mit Außerordentlichkeit und Außeralltäglichkeit zu tun hat, kommt es vielmehr darauf an, was in einem gegebenen Kontext für einen Menschen oder eine Gemeinschaft das «Ordentliche» und «Alltägliche» ist. Die Grenzen sind hier fließend.

Religionswissenschaftlich mögen sich viele Phänomene der Gegenwart als religiös konnotierte Heiligenverehrung darstellen. Es kann indes nicht darum gehen, den phänomenologischen Blick gegen die Binnenperspektive der (christlichen) Religion auszuspielen und nur bestimmte Formen der Heiligenverehrung als «echt» oder legitim zu privilegieren. Wohl aber stellen die Beobachtungen in diesem Abschnitt die Frage noch einmal neu, woran denn die Christen ihre Heiligen erkennen – wenn Verehrung, Trauer, Bewunderung, Pilgerfahrten oder Reliquien auch in säkularisiertem Kontext zu finden sind. Wenn Heiligkeit nur auf dem Weg einer Zuschreibung erkannt wird, ist zu fragen, *was* denn dem oder der Heiligen zugeschrieben wird. Nach christlichem Verständnis ist dies eine exemplarische Beziehung zu Gott, die dem heiligen Menschen aber selbst zuteil wird, die er nicht erwerben oder erringen kann. Worin diese sich dann bewährt: in ethisch verantwortlichem Handeln, in überzeugendem Glauben, in politischem Engagement, in der Bereitschaft zum Martyrium – das kann nur erkannt, nicht normiert werden. Verbindend ist aber, dass das Leben des konkreten Menschen über sich hinaus weist auf Gott, der ihn in Anspruch nimmt und auf diesen Anspruch eine überzeugende Antwort gibt. So ist der Transzendenzbezug, wiewohl nicht objektiv aufweisbar, doch entscheidend als Kriterium der Wahrnehmung exemplarischer Heiligkeit an und in einem Menschen aus der großen «Gemeinschaft der Heiligen», die Raum und Zeit umgreift.

Literaturhinweise

Dieses Buch hat vielfach vom Gespräch mit Fachkollegen und -kolleginnen profitiert, wofür an dieser Stelle herzlich gedankt sei. *Pars pro toto* genannt sei Martin Bräuer (Bensheim). Zu danken habe ich auch den Personen, die in Göttingen an der Entstehung des Buches beteiligt waren: Christina Bodemann, Dr. Katharina Heyden, Jan Höffker, Silke Kuhlmann und Wiebke Thoma.

Allgemeine Literatur:

Arnold Angenendt: Heilige und Reliquien. Die Geschichte ihres Kultes vom frühen Christentum bis zur Gegenwart, 1994 – Hans-Martin Barth: Sehnsucht nach den Heiligen? Verborgene Quellen ökumenischer Spiritualität, 1992 – Mircea Eliade: Die Religionen und das Heilige. Elemente der Religionsgeschichte, 1954 – Global-Player der Kirche? Heilige und Heiligsprechung im universalen Verkündigungsauftrag, hg. von Ludwig Mödl/Stefan Samerski, 2006 – Erhard Gorys: Lexikon der Heiligen, ^{7}2008 – Rudolf Otto: Das Heilige. Über das Irrationale in der Idee des Göttlichen und sein Verhältnis zum Rationalen, 1991 (zuerst 1917) – Friedrich Prinz: Das wahre Leben der Heiligen. Zwölf historische Porträts von Kaiserin Helena bis Franz von Assisi, 2003 – Otto Wimmer: Kennzeichen und Attribute der Heiligen, neu bearbeitet von Barbara Knoflach-Zingerle, 1995

1. Die Märtyrer

Theofried Baumeister: Martyrium, Hagiographie und Heiligenverehrung im christlichen Altertum, 2009 – Christel Butterweck: «Martyriumssucht» in der Alten Kirche? Studien zu Darstellung und Deutung frühchristlicher Martyrien, 1995 – Hans Freiherr von Campenhausen: Die Idee des Martyriums in der Alten Kirche, ^{2}1964 – Peter Gemeinhardt: Märtyrer und Martyriumsdeutungen von der Antike bis zur Reformation, in: Zeitschrift für Kirchengeschichte 120 (2009), 289–322 – Hans Reinhard Seeliger: «Das Geheimnis der Einfachheit». Bild und Rolle des Märtyrers in den Konflikten zwischen Christentum und römischer Staatsgewalt, in: Die Anfänge des Christentums, hg. von Friedrich Wilhelm Graf/Klaus Wiegandt, 2009, 339–372

2. Die Spätantike

Timothy Barnes: Early Christian Hagiography and Roman History, 2010 – Peter Brown: Die Heiligenverehrung. Ihre Entstehung und Funktion in der lateinischen Christenheit, 1991 – Otmar Kampert: Das Sterben der Heiligen. Sterbeberichte unblutiger Märtyrer in der lateinischen Hagiographie des Vierten bis Sechsten Jahrhunderts, 1998 – Jochen Martin: Die Macht der Heiligen, in: Christentum und antike Gesellschaft, hg. von dems./Barbara Quint, 1990, 440–474

3. *Wandlungen eines Ideals*

Torsten Fremer: Wunder und Magie. Zur Funktion der Heiligen im frühmittelalterlichen Christianisierungsprozeß, in: Hagiographica 3 (1996), 15–88 – Igor Pochoshajew: Die Märtyrer von Cordoba: Christen im muslimischen Spanien des 9. Jahrhunderts, 2007 – Georg Scheibelreiter: Die barbarische Gesellschaft. Mentalitätsgeschichte der europäischen Achsenzeit (5.–8. Jahrhundert), 1999 – André Vauchez: La sainteté en occident aux derniers siècles du moyen age. D'après les procès de canonisation et les documents hagiographiques, 1981

4. *Neue Heilige*

Peter Dinzelbacher: Die «Realpräsenz» der Heiligen in ihren Reliquiaren und Gräbern nach mittelalterlichen Quellen, in: Heiligenverehrung in Geschichte und Gegenwart, hg. von dems./Dieter R. Bauer, 1990, 115–174 – Aaron J. Gurjewitsch: Das Weltbild des mittelalterlichen Menschen, 1982 – Ortrud Reber: Elisabeth von Thüringen: Landgräfin und Heilige. Eine Biografie, 2006 – Markus Ries: Heiligenverehrung und Heiligsprechung in der Alten Kirche und im Mittelalter. Zur Entwicklung des Kanonisationsverfahrens, in: Bischof Ulrich von Augsburg 890–973, hg. von Manfred Weitlauff, 1993, 143–167 – Dieter von der Nahmer: Die lateinische Heiligenvita. Eine Einführung in die lateinische Hagiographie, 1994

5. *Das römisch-katholische Heiligsprechungsverfahren*

Wolfgang Beinert: Wie wird man ein Heiliger und was ist man dann?, in: Stimmen der Zeit 220 (2002), 671–684 – Renate Klauser: Zur Entwicklung des Heiligsprechungsverfahrens bis zum 13. Jahrhundert, in: Zeitschrift der Savigny-Gesellschaft für Rechtsgeschichte. Kanonistische Abteilung 71 (1954), 85–101 – Winfried Schulz: Das neue Selig- und Heiligsprechungsverfahren, 1988 – Marcus Sieger: Die Heiligsprechung. Geschichte und heutige Rechtslage, 1995 – Thomas Wetzstein, Heilige vor Gericht. Das Kanonisierungsverfahren im europäischen Spätmittelalter, 2004

6. *Die protestantische Perspektive*

Thomas Fuchs: Protestantische Heiligen-Memoria im 16. Jahrhundert, in: Historische Zeitschrift 267 (1998), 587–614 – Gerhard Knodt: Leitbilder des Glaubens. Die Geschichte des Heiligengedenkens in der evangelischen Kirche, 1998 – Robert Kolb: For All the Saints. Changing Perceptions of Martyrdom and Sainthood in the Lutheran Reformation, 1987 – Heidrun Riehm: Sternbilder des Glaubens oder Abgötter? Martin Luthers Stellung zur Verehrung der Heiligen, 2010 – Gunther Wenz: Memoria Sanctorum. Grundzüge einer evangelischen Lehre von den Heiligen in ökumenischer Absicht, in: ders., Grundfragen ökumenischer Theologie, Bd. 1, 1999, 283–310

7. Heilige in unserer Zeit

«Ihr Ende schaut an». Evangelische Märtyrer des 20. Jahrhunderts, hg. von Harald Schultze/Andreas Kurschat, [2]2008 – Grigorios Larentzakis: Heiligenverehrung in der Orthodoxen Kirche, in: Catholica 42 (1988), 56–75 – Hubertus Lutterbach: Tot und heilig. Personenkult in Mittelalter und Gegenwart, Darmstadt 2008 – The One Mediator, the Saints and Mary. Lutherans and Catholics in Dialogue VIII, hg. von H. George Anderson, 1992 – Andrea Riccardi: Salz der Erde, Licht der Welt. Glaubenszeugnis und Christenverfolgung im 20. Jahrhundert, 2002 – Zeugen einer besseren Welt. Christliche Märtyrer des 20. Jahrhunderts, hg. von Karl-Joseph Hummel/Christoph Strohm, [4]2002 – Zeugen für Christus. Das deutsche Martyrologium für das 20. Jahrhundert, hg. von Helmut Moll, 2 Bde., (1999) [4]2006

Heiligenkalender im Internet (in Auswahl):

Ökumenisches Heiligenlexikon: www.heiligenlexikon.de
Glaubenszeugen. Ökumenischer Namenkalender: www.glaubenszeugen.de
Martyrologium Romanum: www.breviary.net/martyrology/martcal.htm
Evangelischer Heiligenkalender:
www.daskirchenjahr.de/tag.php?name=heiligenkalender

Register der Heiligen